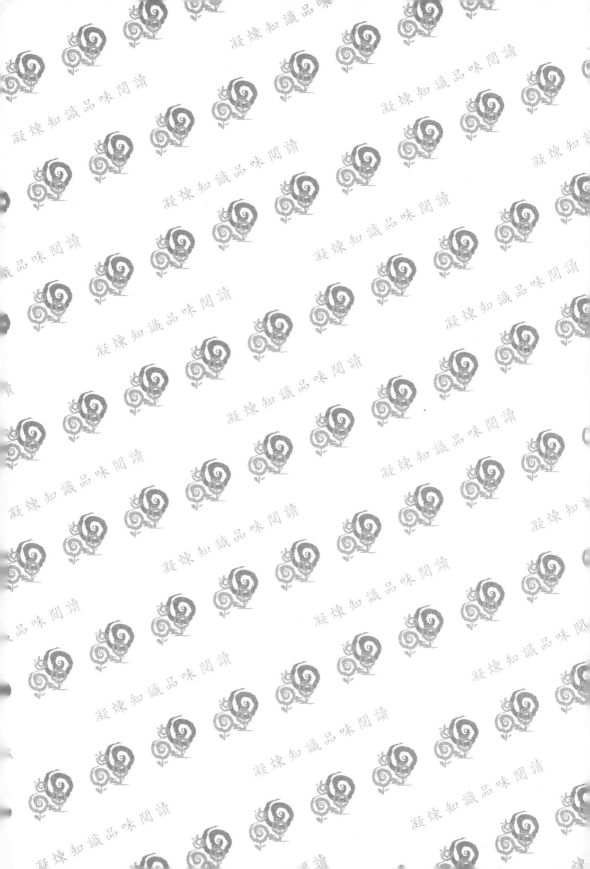

國際匯兌實務

透過實務導向的學習方式，充分發揮學以致用的成效。

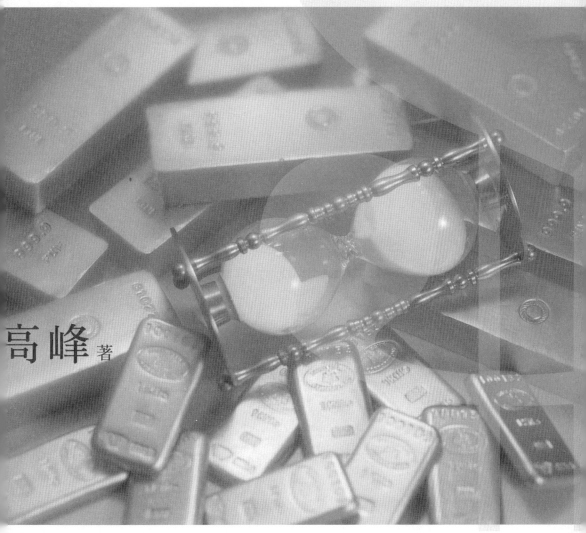

高峰 著

INTERNATIONAL EXCHANGE

作者自序

　　有許多朋友鼓勵我寫一本有關「外匯」的書籍，把我過去在銀行國外部工作的經驗記錄下來，供他們借鏡。從本身的工作經驗中，筆者知悉外匯知識並不如尋常人所說的簡單。決不可隨便聽信半調子投資專家的建議做外匯投資，以免不但沒有獲利，甚至折本無數，得不償失。除非真正下了功夫研究過外匯的人才適合做有關外匯的投資交易。

　　筆者的建言是有根據的。要能預測某一事件的可能結果，你一定要知道其間的因果關係，也就是如數學一般要知道函數關係。例如 Z＝X＋Y²，當 X＝1，Y＝3 時，Z 一定是等於 10，匯率的函數關係就沒這般簡單，我們只約略知道影響匯率的變動因數，也就是數學中所說的變數（variables），在匯率預測中至少有十個（例如：通膨率，失業率，國際收支，政府支出期待心理，政府之干預等）。除此之外，我們無法知道變數間的關聯性，形成一個可以計算結果的函數。故精確預測的可能性微乎其微。

　　不過話說回來，完全不管匯率，也是不行的，試舉一例，假如某君在紐西蘭買一幢房子，2003 年買入當時匯率為 1NZ＝NTD19，某君認為紐幣會貶值，買房子時房價計 NZD700,000，某君決意儘量減低自備款的成數，故舉債 NZD500,000 買了房子，自備款只花了 NZD200,000，到了 2005 年底紐幣升值至 1NZ＝NTD23，某君此項地產交易單在匯率上就損失了新臺幣二百萬元，即（NTD19－NTD23）× 500,000＝NTD2,000,000，數目可是不小。

　　有鑑於外匯知識在投資方面的重要性，筆者乃責無旁貸，將過去的知識及經驗匯集成冊，與讀者分享，除拋磚引玉外，也算是對社會的一種回饋。

2007 年　高峰

前　言

　　隨著國際化及外匯自由化，一般人或多或少都會碰到一些外匯的問題，更別說從事商業活動的企業及理財投資的個人。

　　外匯從狹義的層面來看是指外幣現鈔，旅行支票的買賣，外幣的匯款或存款。外匯從廣義的層面觀之則指任何涉及外幣的跨國交易包括海外直接投資或間接投資活動如購買海外基金，股票，認股權證等。

　　不管是簡單的外匯交易或複雜的外匯交易均需具備基本的外匯知識，這些知識乍看之下甚為簡單，細究之後則會感到複雜。原因是外匯跨越不同的國家，牽涉不同的經濟及政治社會活動，也涉及國際社會相關的規範及習俗，更進一步跨涉外匯、國際經濟學和國際貿易的領域，所以其繁雜性自不待言。

　　如本書書名所言，本書除了介紹外匯的基本常識外，也介紹各種不同的跨國交易，讓讀者具有對外匯交易的基本知識，以便在深入特定課題的外匯領域時，能具備一定的外匯理論基礎，如此方能得心應手，不致倍感辛苦而畏縮不前。

　　因為外匯的學識博大精深，僅靠此書絕對不夠，讀者仍須旁徵博引才能百尺竿頭更進一步。不過本書因以實務經驗為基礎，每章之後亦附有申論題，答案在相關章節均可找到，相信對想要研究外匯的讀者一定有相當的助益。

　　最後必須一提的是各種學問，均是師父引進門，修行在個人，希望透過耐心、毅力及讀者之聰穎可以在短時間內對外匯知識獲致精闢的了解，這是作者最大的心願，願與讀者共勉之。

目錄 Contents

外匯與匯率

International Exchange

一、外匯的定義

每一個國家都有自己的貨幣，稱自己國家的貨幣為本國貨幣（Local Currencies）稱其他國家之貨幣為外國貨幣（Foreign Currencies）。在本國商品勞務交易中僅使用本國貨幣，不使用外國貨幣。

至於所謂的外匯（Foreign Exchange）則另有所指。一般所謂的外匯有靜態及動態兩個意義。

外匯的靜態意義是指①外國貨幣，②外幣存款，③幣別為外國貨幣之支票、銀行匯票、銀行本票與銀行承兌匯票，④幣別為外國貨幣之有價證券，如：公債、國庫券與銀行可轉讓定期存單。

外匯的動態意義是指不直接運送現金，透過國外同業間事先簽訂之通匯合約，為兩國間債權及債務之清算或單純之資金移動。

歸結起來外匯有三個特點：

(1)外匯是以外國貨幣表示之。

(2)外匯是可以自由兌換的外國貨幣。

(3)外匯是可以在國際清算中取得債權的東西。

二、匯率的定義

匯率是指一國貨幣與他國貨幣的兌換率。即購入某一貨幣而以另一種貨幣計算之價格。

三、匯率的簡單釋例

釋例

假如有一台灣青年他決定要到香港旅行 6 天，預計要花費台幣八萬元。在他離台時，到慶豐銀行，將八萬台幣全數換成美金。假如當天銀行美金現鈔掛牌匯率如下：

	買入	賣出
USD/NT$	31.11	31.51

1.試問他可以兌換多少美金現鈔？

他可以換得 US$2,540

計算如下：

NT$80,000 ÷ NT$31.51 = US$2,538.88

因現鈔無零頭，故決定要買 US$2,540

他再補繳

(US$2,540 − US$2,538.88) × NT$31.51 = $35

2.當他抵達香港機場時，他到機場銀行櫃台，將手頭的 US$2,540 悉數換成港幣，當時港幣掛牌如下：

	買入	賣出
US$/HK$	7.49	7.72

試問他可以兌換到多少港幣？

他可以換到 HK$19,025

計算如下：

HK$7.49 × US$2,540 = HK$19,025

3.他在香港的六天中總共花了 HK$13,725，所以回到台北時計剩下港幣

HK$5,300 即 (HK$19,025 − HK$13,725 = HK$5,300)

4.回到台北的第二天，他到慶豐銀行將 HK$5,300，兌換成台幣。當時港幣
之掛牌如下：

	買入	賣出
HK$/NT$	3.96	4.08

試問他可兌換多少台幣？

他可換回 NT$20,988

計算如下：

NT$3.96 × HK$5,300 = NT$20,988

5.此趟旅行他共花了
台幣 NT$59,012

NT$80,000 − NT$20,988 = NT$59,012

註：上述之「買入」係指銀行之買入外幣價格，「賣出」係指銀行之賣出外幣價格

四、外匯交易的報價

外匯交易報價的兩種方法：

1.直接報價法（Direct Quotation）

直接報價是以若干本國貨幣單位來表示一個單位的外國貨幣。例如：
一個單位的美元對新台幣的匯率表示為 USD/NTD32.30，即以 NTD32.30
可買進一美元。直接報價法視外國貨幣為商品，其匯率表示係以本國貨
幣若干單位去買入一個單位的外國貨幣（銀行掛牌，如表 1-1）。

2.間接報價法（Indirect Quotation）

間接報價是以若干外國貨幣單位來表示一個單位的本國貨幣。例如：紐幣對美元的報價可表示為 NZD/USD0.68，即以 USD0.68 可買進一紐元，間接報價法視本國貨幣為商品，其匯率表示係以外國貨幣若干單位去買入一個單位的本國貨幣（銀行掛牌，如表 1-2）。

表 1-1　以直接報價法掛牌匯率（台灣）

幣別	買入		賣出	
	即期	現鈔	即期	現鈔
美元	32.13	32.93	32.23	32.38
港幣	4.124	3.98	4.184	4.22
澳幣	20.1300	20.0200	20.3300	20.5600
加幣	21.1900	21.0700	21.3900	21.5900

表 1-2　以間接報價法掛牌匯率（紐西蘭）

幣別	買入	賣出
	即期	即期
澳幣	0.9355	0.9336
英鎊	0.3830	0.3824
加幣	0.8970	0.8953
歐元	0.5616	0.5608
港幣	5.5221	5.5140
日圓	76.21	76.06
新加坡幣	1.1758	1.1733
台幣	22.2281	22.1938
美元	0.7080	0.7073

註(1)：表 1-1 買入及賣出係銀行向客戶買入及賣出之報價（依銀行立場為之）

　　　表 1-2 買入及賣出係客戶向銀行買入及賣出之報價（依客戶立場為之）

(2)無論何種報價方式，對客戶而言均是「高買低賣」外幣

五、倒數匯率（Reciprocal Rate）

在甲貨幣之價格以乙貨幣表示之情況下，乙貨幣之價格也可以用甲貨幣表示，此時兩組匯率即互為倒數匯率。例如：USD1＝DM1.445，反過來 DM1＝USD0.6920；又如 USD1＝NTD34.236，反過來 NTD1＝USD0.0292。

釋例 1

		商品貨幣		報價貨幣
假如	原始報價	USD1	＝	DM1.445
	倒數匯率	DM1	＝	$USD\dfrac{1}{1.445}$
	計算如右			
	得	DM1	＝	USD0.6920

釋例 2

假如 USD1＝NTD34.236 其倒數匯率為 NTD1＝USD0.0292

USD0.0292 約當台幣一元，驗計算如下：

NTD34.236 × 0.0292＝NTD1

六、交叉匯率（Cross Rate）

交叉匯率是指涉及兩個非美元貨幣的交換率。

交叉匯率可以下述方式求得

(1)兩組匯率的基礎貨幣（被報價幣）不同時，由買入匯率乘以買入匯率，賣出匯率乘以賣出匯率，可以求得交叉匯率。

例如：USD/GBP　1.9720 – 1.9730

DEM/USD　1.5110 – 1.5115

DEM/GBP　2.9797 – 2.9822

(2)兩組匯率的基礎貨幣（被報價幣）相同時，由買入匯率除以賣出匯率，賣出匯率除以買入匯率，可得交叉匯率。

例如：DEM/USD　1.5110 – 1.5115

FRF/USD　5.7050 – 5.7065

DEM/FRF　0.2648 – 0.2649 或

FRF/DEM　3.7744 – 3.7766

註 1：「／」之右邊為基礎貨幣即被報價幣

註 2：在外匯交易中，「*dollar*」一詞專指美元，如談及其他也用 *dollar* 一詞之貨幣，則須於 *dollar* 前敘明何國之貨幣，如：*Canadian dollar* 加拿大元，*New Zealand dollar* 紐元。

註 3：要同時知道兩個不同幣別相互間之匯率，可利用交叉匯率表（如表 *1-3*）

七、匯率的點（Point 或 Pip）

報價匯率的最後一位數通常稱為一點。例如 US$1 = DM1.4450 一點為 DM0.0001，又例如 US$1 = ￥ 102.50 一點為￥ 0.01。

匯率報價通常報至報價幣單位的百分之一，例如：台幣最小貨幣單位為分，即 0.01 元，其百分之一為 0.01 ÷ 100 = 0.0001；故台幣報價一點為 0.0001，在外匯市場中台幣報價至小數點後四位數。日圓最小貨幣單位為元，即 1 元之百分之一，為 1 ÷ 100 = 0.01；在外匯市場中日圓報價至小數點後二位數。

匯率的上升下降是以點來表示，例如：紐元對台幣的匯率由 NZD/NTD22.2281 變為 NZD/NTD22.2289，則表示 NZD 升值了 8 點。

表1-3　交叉匯率表

貨幣交叉匯率

	美元	澳幣	英鎊	加幣	人民幣	歐元	法郎	馬克	港幣	盧比	印尼	日圓	紐幣	韓元	馬幣	披索	新幣	瑞郎	台幣	泰銖
美元		1.847	0.658	1.559	8.277	1.033	7.433	2.216	7.800	48.520	8880.0	120.14	2.145	1202.75	3.800	52.345	1.756	1.521	34.139	42.300
澳幣	0.542		0.356	0.844	4.482	0.559	4.025	1.200	4.224	26.276	4808.96	65.059	1.162	651.35	2.058	28.347	0.951	0.824	18.488	22.908
英鎊	1.519	2.805		2.368	12.573	1.569	11.291	3.367	11.849	73.707	13489.61	182.497	3.259	1827.10	5.773	79.517	2.668	2.311	51.861	64.258
加幣	0.641	1.184	0.422		5.309	0.663	4.768	1.422	5.003	31.124	5696.14	77.061	1.376	771.51	2.438	33.577	1.127	0.976	21.899	27.134
人民幣	0.121	0.223	0.080	0.188		0.125	0.898	0.268	0.942	5.862	1072.89	14.515	0.259	145.32	0.459	6.324	0.212	0.184	4.125	5.1107
歐元	0.968	1.787	0.637	1.509	8.012		7.195	2.145	7.550	46.967	8595.84	116.291	2.077	1164.26	3.678	50.670	1.700	1.472	33.047	40.946
法郎	0.135	0.248	0.089	0.210	1.114	0.139		0.298	1.049	6.528	1194.68	16.162	0.289	161.81	0.511	7.042	0.236	0.205	4.593	5.6909
馬克	0.451	0.833	0.297	0.703	3.735	0.466	3.354		3.519	21.893	4006.77	54.206	0.968	542.70	1.715	23.619	0.792	0.686	15.404	19.086
港幣	0.128	0.237	0.084	0.200	1.061	0.132	0.953	0.284		6.221	1138.48	15.402	0.275	154.20	0.487	6.711	0.225	0.195	4.377	5.4231
盧比	0.0206	0.0381	0.0136	0.0321	0.1706	0.0213	0.1532	0.0457	0.1608		183.02	2.4760	0.0442	24.79	0.0783	1.079	0.0362	0.0313	0.7036	0.8718
印尼	0.0001	0.0002	0.0001	0.0002	0.0009	0.0001	0.0008	0.0002	0.0009	0.0055		0.0135	0.0002	0.14	0.0004	0.006	0.0002	0.0002	0.004	0.0048
日圓	0.008	0.015	0.005	0.013	0.069	0.009	0.062	0.018	0.065	0.404	73.93		0.018	10.01	0.032	0.436	0.015	0.013	0.284	0.3521
紐幣	0.466	0.861	0.307	0.727	3.858	0.482	3.465	1.033	3.636	22.618	4139.41	56.001		560.66	1.771	24.401	0.819	0.709	15.914	19.718
韓元	0.0008	0.0015	0.0005	0.0013	0.0069	0.0009	0.0062	0.0018	0.0065	0.0403	7.38	0.0999	0.0018		0.0032	0.044	0.0015	0.0013	0.0284	0.0352
馬幣	0.263	0.486	0.173	0.410	2.178	0.272	1.956	0.583	2.053	12.768	2336.84	31.614	0.565	316.51		13.775	0.462	0.400	8.984	11.132
披索	0.019	0.035	0.013	0.030	0.158	0.020	0.142	0.042	0.149	0.927	169.64	2.295	0.041	22.98	0.073		0.034	0.029	0.652	0.8081
新幣	0.569	1.051	0.375	0.888	4.713	0.588	4.232	1.262	4.441	27.628	5056.37	68.406	1.222	684.86	2.164	29.806		0.866	19.439	24.086
瑞郎	0.657	1.214	0.433	1.025	5.441	0.679	4.887	1.457	5.128	31.899	5838.07	78.982	1.410	790.74	2.498	34.414	1.155		22.444	27.81
台幣	0.029	0.054	0.019	0.046	0.242	0.030	0.218	0.065	0.228	1.421	260.11	3.519	0.063	35.23	0.111	1.533	0.051	0.045		1.2391
泰銖	0.024	0.044	0.016	0.037	0.196	0.024	0.176	0.052	0.184	1.147	209.93	2.840	0.051	28.43	0.090	1.237	0.042	0.036	0.807	

日期：2002 年 8 月 23 日　　資料來源：香港上海匯豐銀行

八、幣值的升貶

本國幣與外幣相比價值升高，叫做本國幣升值，外國幣貶值。例如：昨天匯率 USD/NTD34.10，今天匯率 USD/NTD34.00，則台幣升值，美元貶值。

反之，本國幣與外幣相比價值下跌，叫做本國幣貶值，外國幣升值。例如：昨天匯率 USD/NTD34.00，今天匯率 USD/NTD34.10，則台幣貶值，美元升值。

我們用升值率及貶值率來了解匯率變動的程度。當然要比較不同時點的匯率才有意義。比較匯率之計算公式如下：

$$升（貶）值率 = \frac{新匯率 - 原匯率}{原匯率} \times 100\%$$

> **釋例**
>
> 假如 1990 年 8 月 17 日美元匯率為 USD/NTD27.00，而 2002 年 8 月 17 日美元匯率為 USD/NTD34.00，問這十二年間台幣對美元之貶值率為多少？

$$\frac{27 - 34}{27} \times 100\% = -26\%$$

台幣貶掉 26% 約四分之一。

九、即期匯率與遠期匯率

1.即期匯率（Spot Rate）

即期外匯買賣也稱為現匯交易（Spot Transaction），現匯交易所使

用之匯率即為即期匯率。銀行間之即期外匯交易是在成交日後二個營業日內完成兩種貨幣清算交付的外匯交易。

2.遠期匯率（Forward Rate）

遠期外匯買賣也稱為期匯交易（Forward Transaction），期匯交易所使用之匯率即為遠期匯率。遠期外匯交易是在成交後三個營業日以上完成兩種貨幣清算交付的外匯交易。

表 1-4　若干主要貨幣的國際標準代號

美元＝USD＝US Dollars
歐元＝ECU＝European Currency Units
英鎊＝GBP＝British Pounds
日圓＝JPY＝Japanese Yen
瑞士法朗＝CHF＝Swiss Francs
澳幣＝AUD＝Australian Dollars
紐幣＝NZD＝New Zealand Dollars
加幣＝CAD＝Canadian Dollars
新台幣＝NTD＝New Taiwan Dollars

申論題

1. 什麼是外匯的靜態意義？

2. 何謂匯率？

3. 試說明外匯的間接報價法？

4. 何謂交叉匯率？

Chapter 2

外匯之買入和賣出

International Exchange

一、外匯交易之類別

對銀行來說外匯交易是外匯的買進及賣出。外匯交易依交易對象分兩大類。一為銀行與銀行間的外匯交易，一為銀行與客戶間的外匯交易。兩種交易之性質，交易慣例及做法不同，茲分別敘述如下：

1.銀行與銀行間的外匯交易

(1)為批發性質之交易。

(2)交易金額大。

(3)成交後第二個營業日交割。

(4)匯率經常在變動。

(5)買賣價差小。

(6)原則上不議價。

2.銀行與客戶間的外匯交易

(1)為零售性質之交易。

(2)交易金額相對而言較小。

(3)即期交易在當日交割。

(4)匯率一般一個營業日只有一種匯價，除非當天匯市有劇烈之變動。

(5)買賣價差大。

(6)交易金額大時可議價。

二、銀行與客戶間外匯交易之買價及賣價

外匯交易之商品為外國貨幣，一如一般的商品買賣，銀行是外幣之販賣者，其交易之原則為低買高賣，賺取價差。銀行外幣買賣會考慮到成本、交易量、外幣批發價之波動以及市場其他業者之競爭，對不同的外匯金融商品作出不同的定價。此為了解外匯交易之重點，也就是要了

解外匯的成本（Costing）、訂價（Pricing）及損益計算（Evaluation）。

　　買入匯率及賣出匯率之差額英文叫spread。這個差額的大小代表在某一時點兩種貨幣交易風險程度之大小。風險大則spread大，風險小則spread亦小。這個差額之幅度因被報價幣市場的深淺而異，亦因該被報價幣的某一時點的穩定性而異。所謂深型市場是指那些交易頻繁的貨幣如美元、英鎊等，所謂淺型市場是指偶爾才有交易的貨幣。

　　單筆小額外匯交易其spread較大，因為小額交易須與其他時點所做的小額交易聚集成一筆大額交易才比較能夠涵蓋成本，這也就是為什麼單筆大額外匯交易可以議價的原因。對客戶來說大額交易可以拿到較好的價格。

　　現鈔外匯交易其 spread 最大，因為現鈔處理成本大，現鈔並不生息，儲存亦有風險，現鈔買賣匯率就反應出這種風險及成本之考量。

　　以圖 2-1 表示某銀行外匯牌告匯率之情況，現鈔無論買進或賣出與內部買賣比較其價格差異為 NT$0.15，非現鈔則僅為 NT$0.04 顯示出現鈔的成本大於非現鈔的成本。

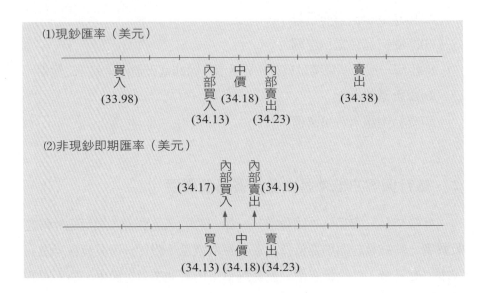

圖 2-1

三、銀行買入外匯之作法

銀行買入外匯事實上有兩類，一類為已入銀行帳之外匯；例如：電匯匯入款，銀行於買入時，即可運用該筆資金。另一類為資金尚未收妥者；例如：出口押匯，買入光票等。目前台灣銀行作業方式，係以非現鈔之同一匯率來買入這種性質之外匯，另外再加收利息來補墊款之成本。

國外銀行則劃分此二類，分別掛出不同的買入匯率，一為 T.T.（Telegraphic Transfer）之買價，另一類為 O.D（Ordinary Delivery）之買價，後者 spread 較大，用其價差來彌補墊款之成本。

四、外匯損益評估

為說明外匯損益評估，試舉一例如下：

釋例

日　期	交易情形	美金	美金對台幣之匯率	台幣
第一天	賣美金	(5,000)	34.23	171,500
	買美金	12,000	34.13	(409,560)
	賣美金	(1,000)	34.23	34,230
	買美金	3,000	34.13	(102,390)
	結算	9,000	34.33*	(306,220)

*假設在營業日結束時，收盤匯率（closing rate）為 USD/NTD34.33 收盤匯率一般為中價。

則台幣貶值外匯損益的計算如下：

NTD306,220 ÷ NTD34.33 = USD8,919.90

USD9,000 − USD8,919.90 = USD80.10（外匯收益）

外匯交易員不可以自訂外匯損益評估匯率。理由是如果讓他們自訂外匯損益評估匯率，他們可以以人為的手法將外匯損失隱匿一段頗長的時間。

一致而且客觀的外匯損益評估標準是必要的，銀行的做法是每天同一時間，從同一來源處取得評估匯率的標準。使用路透社收盤中價匯率或中央銀行收盤中價匯率為評估外匯損益之標準。

申 論 題

1. 銀行的外匯交易依交易對象分為哪兩大類？

2. 為何銀行不讓外匯交易員自訂外匯評估匯率？

Chapter 3

基本的外匯概念

International Exchange

　　前面二章，我們已介紹有關即期外匯交易的概念及運作。本章將條列一些基本的外匯概念，這些概念對認識外匯及外匯交易是很重要的。

一、外匯交易

　　外匯交易是指在約定的日期或期間，以一種貨幣去購買另一種貨幣的交易。

二、外匯市場

　　外匯市場是由外匯需求者、外匯供給者和進行買賣的中介機構所組成的外匯買賣市場或交易網絡。

三、交割

　　交割是指外匯交易中外幣之清算交付，清算交付之日期叫交割日（Value Date）。一般銀行與客戶間的即期外匯交易是在同一個工作天交割（Value Today），銀行與銀行間的即期外匯交易是在訂約後兩個工作天交割（Value Spot）。

四、部位

　　部位是指匯價變動使得手中持有的外幣產生損益的情況。

五、外匯部位

　　外匯部位係指外匯買入及賣出的餘額。外匯部位可區分為兩類：第

一類為一個銀行為營運或投資而長期持有之外匯；第二類為一個銀行每日透過外匯買入及賣出之淨額。另外外匯部位亦可分為現金部位及外匯部位：

(1)現金部位：指一個銀行手中握有各類現金之數量。

(2)外匯部位：指每日透過外匯交易，外匯買入及賣出之淨額。

六、開放部位

任何未用買入或賣出來軋平的部位，叫做開放部位。

七、長部位

假如外匯的買入大於外匯的賣出，其淨額稱之為長部位。

八、短部位

假如外匯的賣出大於外匯的買入，其淨額稱之為短部位。

九、隔夜部位

隔夜部位是指銀行在每一個營業日終了時，被允許持有的長部位或短部位之總額。

十、日中部位

日中部位是指在一個交易日中的任何時點，銀行被允許持有的長部位或短部位的總額。（為了配合客戶對外匯的供給及需要，通常日中部

位可能大於隔夜部位之限額。要維持一個包括各種幣別的日中部位是相當複雜的工作。建立個別幣別的日中部位限額，對外匯交易操作是非常有用的。）

十一、買入匯率及賣出匯率之差額

Spread 係指被報價幣以報價幣計算其買入價及賣出價之差額。

十二、買價

報價者報出其願意買入某種外幣之價格，英文叫 Bid Rate，在零售市場稱 Buying Rate。

十三、賣價

報價者報出其願意賣出某種外幣之價格，英文叫 Offer Rate，在零售市場稱 Selling Rate。

十四、營業日

在外匯國際市場上，是指除了週末（通常指星期六，日）及法定例假日外，正常營業的日子。

十五、被報價幣

被報價貨幣又稱為商品貨幣（Commodity Currency）或基礎貨幣（Base Currency）；例如：匯率 USD/NTD34 美元即為被報價幣。

十六、報價幣

　　用來報價之貨幣又稱為價格貨幣（Terms Currency）；例如：匯率
USD/NTD34 台幣即為報價幣。

申論題

1.　何謂長部位？

2.　何謂短部位？

3.　何謂外匯交割？

4.　何謂現金部位？

5.　何謂被報價幣？

Chapter 4

遠期外匯

International Exchange

我們在第二章所談的為即期外匯,本章將討論遠期外匯。

一、遠期外匯定義

凡外匯交易的交割日(Settlement Date)在成交後兩個營業日以上者,即稱為遠期外匯交易。此種交易,在交易成立的當時,只訂定契約,買賣雙方並無外匯的支付,而只約定在將來某一特定日期,以在契約中所約定的匯率買賣某種外匯。

二、遠期外匯匯率之決定

假設借入 DEM90 天,其借入之利率為 8%,

存入 USD90 天,其存入之利率為 10%,

USD 對馬克之即期匯率為 2DEM。

遠期匯率之計算釋例如下:

(1)借入馬克 DEM20,000 為期 90 天,

其本利和為:

$$DEM20,000 \times 8\% \times \frac{90}{360} = DEM400$$

$$DEM20,000 + DEM400 = DEM20,400$$

(2)以借入馬克 DEM20,000 兌換成 USD10,000(兌換匯率為 USD/DEM2)。

(3)將 USD10,000 以利率 10%存出 90 天,其本利和為:

$$USD10,000 \times 10\% \times \frac{90}{360} = USD250$$

$$USD10,000 + USD250 = USD10,250$$

(4)遠期外匯匯率應為報價幣本利和與被報價幣本利和之比率

$$USD/DEM = \frac{20,400}{10,250} = DEM1.9902$$

(5)遠期匯差＝DEM1.9902－DEM2.0＝－DEM0.0098

三、計算遠期外匯匯率之公式

計算遠期外匯匯率之公式如下：

R1＝即期匯率

R2＝遠期匯率

A＝報價幣利率（Interest rate of terms currency）

B＝被報價幣利率（Interest rate of commodity currency）

T＝期間（days/360）

D＝遠期匯差（遠期匯率－即期匯率）即是 R2－R1

① $R2 = \dfrac{R1(1+AT)}{(1+BT)}$

　1＋AT＝報價幣之本利和

　1＋BT＝被報價幣之本利和

② $D = R2 - R1$

$$= \dfrac{R1(1+AT)}{(1+BT)} - R1$$

$$= \dfrac{R1 + R1\,AT - R1 - R1\,BT}{1+BT}$$

$$= \dfrac{R1 \times (A-B)T}{1+BT}$$

若 A＞B，則 D 為正數即 R2＞R1 有遠匯升水（Forward premium），即被報價幣升值

若A＜B，則D為負數即R2＜R1 有遠匯貼水（Forward discount），即被報價幣貶值

利用①之公式，將上述所提釋例加以計算其結果應該是相同的。

(1) $R2 = \dfrac{R1(1+AT)}{(1+BT)}$

$$= \frac{2\left(1 + 8\% \times \frac{90}{360}\right)}{\left(1 + 10\% \times \frac{90}{360}\right)}$$

$$= \frac{2(1 + 0.02)}{(1 + 0.025)}$$

$$= \frac{2.04}{1.025}$$

$$= (DEM)1.9902$$

　故 USD/DEM = DEM1.9902

(2)遠期匯差之計算

　D = R2 − R1

　　= DEM1.9902 − DEM2.0

　　= − DEM0.0098

被報價幣利率較報價幣高，則被報價幣長期具有貶值之趨勢，故即期匯率 USD/DEM2，而遠期匯率 USD\DEM1.9902。

四、遠期外匯之重要概念

遠期外匯匯率之計算與匯率的預測無關。遠期匯率之計算僅是基於即期匯率與資金借貸成本，也就是利率衡量而算出。

五、預購及預售遠期外匯

㈠預購預售遠期外匯之定義

凡有實際外匯收支需要者，為避免外匯匯率變動風險，依據中央銀行遠期外匯買賣相關規定與銀行簽定遠期外匯買賣契約，預先買入或賣出一定期日以後始行交割的遠期外匯，謂之預購或預售遠期外匯。

㈡預購預售遠期外匯之範圍

(1)進出口貿易買賣遠期外匯,為避免貨款未來收付因匯率變動而生損失。

(2)運輸業及貨運承攬業買賣遠期外匯,其用途為運費收入(含業者之客、貨運之運費收入)和運費支出(含機場或港口之裝卸費,飛機輪船之補給、維修、燃料支出及租金等)。

(3)產物保險業買賣遠期外匯,其用途為業者之保險費,再保險及理賠款等外匯收付。

(4)勞務交易:即股利、佣金、技術報酬金(含專利權使用費)等之外匯收付。

(5)資本交易:即經有關主管機關核准下列投資之外匯收支
　①股本投資(含外僑來華投資及對外投資)及專撥在台分公司之營業所用資金之匯出入。
　②證券投資:國內證券投信公司於海外募集基金投資國內證券及於國內募集基金投資國外證券收支。外國專業投資機構投資國內證券有關本金之外匯收支。

(6)個人勞務收支(含旅遊支出)、移轉支出(如捐贈、贍家匯款)、個人或公司行號團體利用自由結匯額度所從事之投資理財活動。

㈢預購預售遠期外匯契約期限

(1)預購預售遠期外匯之申請人可於契約中選定日期或選定期間來做外匯交割。

(2)選定日期者:期限固定,若為90天者期限欄即為90天。(依此推斷簽約日期若為88/1/1,則交割日期為88/4/1)

(3)選定期間者:如申請人要求90～120天之間交割,則期限欄應填

入 90～120 天（依此推算交割日為 88/4/1 至 88/5/1 共 31 天）。

(4)茲以目前外匯經紀商掛牌之資料舉例說明如下：

契約期別	允許交割期間
30 天期	3～30 日
60 天期	31～60 日
90 天期	61～90 日
120 天期	91～120 日
150 天期	121～150 日
180 天期	121～180 日

註：30 天期以即期交易兩個營業日後起算交割期間

(5)屆期交割時如適逢國內外假日得提前或順延，惟不得跨越屆期日
當月份。

六、遠期外匯之功能

遠期外匯交易原來之目的只是為了使進出口商、資金借貸者及投資
人借助遠期外匯來消除匯率變動的風險。

現今由於國際金融市場的自由化，遠期匯率也被作為外匯投機的工
具。遠期外匯交易的功能也因之擴大了。

遠期外匯交易主要之功能如下：

(1)對於進出口商來說，進口商可以利用遠期外匯交易去固定進口成
本，出口商可以利用遠期外匯交易對出口收匯進行保值。

(2)對於銀行來說，銀行可以利用遠期外匯交易調整其外匯持有額與
資金結構。

(3)對投資者和資金借貸者來說，他們可以利用遠期外匯交易避免匯
率變動之風險。

(4)外匯投機者可以利用遠期外匯交易進行投資以獲投機利益。

七、遠期外匯匯率計算之邏輯

下述兩個釋例可以幫助讀者了解遠期外匯買入及賣出匯率之邏輯。

釋例 1

假設一個進口商兩個月後（62 days 之後）須支付日本出口商 ￥ 130,000,000

又假設：即期匯率　　　　　USD/JPY　　　　　128.50/128.65

　　　　　　貨幣市場　　　　　　　　　　　2 個月期利率報價

　　　　　（資金市場）　　　　USD　　　　　7 5/8—9/16

　　　　　　　　　　　　　　　JPY　　　　　5 3/4—5/8

銀行操作遠期賣匯之基本邏輯如下：

⑴借入美金。

⑵用美金買日圓。

⑶用日圓存 62 天。

⑷到期以日圓向進口商賣出日圓，買入美金。

⑸以買入之美金還美金借款。

1.買日圓存出日圓之利率為 5 5/8% = 5.625%

　日圓之現值（買入多少日圓）為多少？

$$x = \frac{￥\,130,000,000}{1 + [(5.625\%) \times (62\,/\,360)]}$$

$$= \frac{￥\,130,000,000}{1 + 0.0096875}$$

$$= ￥\,128,752,708$$

2.需於 spot 市期借入多少美金才可以買入 ￥ 128,752,708？

一美元在即期市場可買入 ￥ 128.50 之日圓，所以 ￥ 128,752,708

須以下述之美金買入

¥ 128,752,708 ÷ ¥ 128.50 = USD1,001,966.60

3.借入 USD1,001,966.60 二個月後須還若干本利和？

資金市場借入美金之成本為 7 5/8%，故須還之本利和為

$1,001,966.60 × {1 + [7.625% × (62/360)]}

= $1,001,966.60 × (1 + 0.01313)

= $1,015,122.42

故 到 期 賣 給 進 口 商 ¥ 130,000,000 同 時 由 進 口 商 收 入
USD1,015,122.42（用來還美金本息），其匯率之決定如下：

¥ 130,000,000 ÷ USD1,015,122.42 = ¥ 128.06

USD/JPY128.06

釋例 2

假設一個出口商三個月後（92 days 之後）將收到國外出口商支付一筆貨款
FRF5,000,000（五百萬法朗）他們想預售這筆法朗同時買入三個月後等值
之日圓，請求銀行報遠期匯率

又假設：⑴即期匯率

　　　　USD/FRF　　　　　6.049/05

　　　　USD/JPY　　　　　141.75/95

　　　　故

　　　　FRF/JPY　　　　　23.429/23.466

　　　　⑵貨幣市場（資金市場）三個月期利率報價

　　　　FRF　　　　　8.2500—8.1250

　　　　JPY　　　　　4.0625—4.000

銀行操作遠期買匯之基本邏輯如下：

⑴借入 FRF。

⑵用借入之 FRF 買入日圓。

⑶用日圓存 92 天。

⑷到期以該筆日圓買入 FRF。

⑸用 FRF 還 FRF 之借款。

1.借 FRF 買入日圓。（將來需還 FRF5,000,000）故借入之 FRF 金額為 FRF5,000,000 目前之現值為

$$5,000,000 \div (1 + 8.25\% \times 92/360)$$

$$= 5,000,000 \div (1 + 0.02108)$$

$$= FRF4,896,775.96$$

2.以借入 FRF4,896,775.96 可以買入若干日圓？

$$4,896,775.96 \times ¥ 23.429$$

$$= ¥ 114,726,564$$

3.將日圓存 92 天供 92 天後之用，日圓之本息為多少？

$$¥ 114,726,564 \times (1 + 4\% \times 92/360)$$

$$= 114,726,564 \times (1 + 0.01022)$$

$$= ¥ 115,899,069$$

4.故遠期買匯買入出口商 FRF5,000,000 賣給同一出口商 ¥ 115,899,069 之 FRF/JPY 之匯率為

$$¥ 115,899,069 \div 5,000,000$$

$$= 23.18$$

FRF/JPY23.18

申論題

1.　何謂遠期外匯？

2.　對進口商來說利用遠期外匯交易有何好處？

3.　對出口商來說利用遠期外匯交易有何好處？

Chapter 5

及其歷史沿革

國際外匯市場

International Exchange

一、外匯市場的定義

外匯市場是由外匯需求者，外匯供給者及進行買賣的中介機構所組成的外匯買賣市場或交易網絡。

外匯市場是全球性的，在若干市場進行。這些市場彼此都有關聯性。外匯市場並非像我們去採購商品的市場那樣具體。外匯交易並無實體之市場。股票有實體的市場，例如：紐約股票交易所。期貨亦有實體之市場。例如：芝加哥交易所。

因為外匯市場具有上述之特性，所以很難知道外匯的交易量。目前貿易的外匯交易僅佔所有外匯交易的一小部分，估計只有 1%或 2%之數額。最大的數額為從一個外匯交易中心到另一個外匯交易中心的資本移動。

二、外匯市場的特徵

外匯市場有四個特徵：

(1)外匯市場主要是一個無形的市場，即是非實體交易之市場。

(2)外匯市場是一個一天 24 小時無間斷的市場。

(3)外匯市場通常設立在世界主要金融中心。

(4)外匯市場內之交易主要集中在數種重要貨幣，如：美元、英鎊、
　　日圓、歐元等。

三、外匯市場之種類

㈠依交易之對象分類

(1)銀行與銀行間的外匯市場為——批發市場

(2)銀行與客戶間的外匯市場為——零售市場

㈡依交易之性質分類

1.即期外匯市場

即期外匯市場之外幣買賣主要為即時交割，即期市場之外幣交易其交貨日稱之為交割日（Value Date），通常為買賣雙方成交後兩個營業日。

2.遠期外匯

遠期外匯之外幣買賣主要為依議定之匯率做遠期交割，交割日為未來之日期，交割日為外幣之交貨日。

3.外幣期貨市場

外幣期貨為根據合約協定，買賣雙方將在未來的特定日期中買賣特定資產——外幣，合約的價格會隨市場變動。但當交易完成後，合約的價格就固定了。

4.外幣選擇權市場

外幣選擇權是一種允許買方在某特定的期間內或時點，以約定的價格（履約價格）買賣某一特定的標的物——外幣契約的權利。如為買進標的物的權利，稱為買入選擇權（Call Options），如為賣出標的物的權利，稱為賣出選擇權（Put Options）。而為了得到此種權利要付出費用，此費用稱之為權利金。

㈢依交易所在區域分類

(1)倫敦外匯市場

(2)紐約外匯市場

(3)東京外匯市場

(4)法蘭克福外匯市場

(5)新加坡外匯市場

(6)香港外匯市場

以上為世界主要的外匯市場，事實上每一個國家也有各自的外匯市場。

四、外匯市場的參與者

外匯市場的成員有①中央銀行②商業銀行③市場資訊販賣商（路透社，道瓊斯等）④外匯經紀商⑤公司及其他法人機構⑥保證金外匯交易戶。

五、全球外匯交易的時間及地點

外匯交易之時間如以台北開市為準，大致如圖 5-1：

(9)	(12)	(3)	(4)	(9)	(10)	(11)	(13)
紐約→	舊金山→	蘇黎士→	倫敦→	台北→ 香港	東京→	雪梨→	奧克蘭
前一天 晚上 9 點	前一天 晚上 12 點	早上	早上	早上 （基準日）	早上	早上	下午

圖 5-1

六、國際外匯市場之歷史沿革

㈠金本位

第一次大戰前及第一次大戰中的一小段時間，世界的貿易大國均採用金本位。

金本位要求一個國家須規定該國一個貨幣單位等於若干數量的黃金。中央銀行以允許黃金及紙幣的自由兌換來支持金本位制。政府必須對黃金的進出口不加任何管制。國際黃金的流通使官方的匯率接近黃金的價格。

因為上述措施使得匯率保持穩定。每一個國家的貨幣量隨其黃金存量之增減而增減。

在西元 1971 年美國被迫放棄金本位制，美金不能再自由地被兌換成黃金。

㈡布列敦森林協定

第一次大戰之後，盟軍政府決心設法避免貨幣亂象及 1920 年代、1930 年代不景氣再度發生。他們採取行動重建貨幣制度，1944 年 7 月在美國新罕布夏州的布列敦森林舉行聯合國貨幣及金融會議。設計了一套可調整的釘住匯率制，也成立了國際貨幣基金會及世界銀行。

此會議確定各國的貨幣價值以一定量的黃金來表示。美元則可正式兌換成黃金，其兌換為 $35 兌一英嗰的黃金。此一兌換為當時整個新貨幣制度的基礎。

㈢史密斯松寧協定

1971 年 12 月，十大工業國（美、英、加、法、西德、義、荷、比、

瑞典及日本）在美國華府史密斯松寧博物院集會，同意讓美元從$35 對一英嗎黃金貶為$38 對一英嗎黃金，而其他國家對美元約貶值 10%左右。

　　史密斯松寧協定對美國的外匯收支的平衡，只是暫時減壓。1973 年 2 月，美元再度貶值。其他九個工業國隨後就各自允許他們的匯率自由浮動。布列敦協定想要維持的固定匯率制終告瓦解。匯率自由化的時代於焉到來。

申論題

1.　外匯市場有哪些特徵？

2.　貿易的外匯交易占外匯交易總量的多少？

3.　外匯交易市場有哪些市場參與成員？

及其歷史沿革

台灣的外匯市場

International Exchange

一、台灣的外匯市場

在 1978 年 7 月之前，我國實施固定匯率制，依照國際貨幣基金會（IMF）核備的基本匯率是 1 美元兌換新台幣 40 元，其後經過兩次經核准後調整基本匯率。分別於 1978 年 2 月調整為兌換新台幣 38 元，1978 年 7 月調整為兌換新台幣 36 元。1978 年 4 月 IMF 宣布放棄固定匯率制，允許各會員國自由選擇匯率制度。我國於該年 7 月放棄固定匯率制，改採機動匯率制。1979 年 2 月我國台北外匯市場於焉成立。

基本上我國外匯市場的結構是由中央銀行、全體外匯指定銀行、台北外匯經紀股份有限公司及顧客所組成，這些份子分別構成了銀行間市場及銀行與客戶間市場。在各外匯銀行成立了國際金融業務分行及台北外幣拆放市場加入營運後，我國外匯市場之組成成員增添國外銀行的參與，跨向國際性市場的型態。現行我國外匯市場結構如圖 6-1：

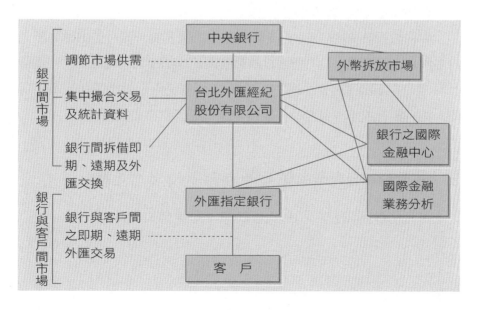

圖 6-1

二、台灣外匯市場之歷史沿革

我國外匯市場發展過程，大致可分三個時期：

1.評議匯率時期（1979/2/1～1982/8/31）

外匯市場成立初期的新台幣匯率由中央銀行、台灣銀行、中國商業銀行、第一銀行、華南銀行及彰化銀行共同會商，依據外匯供需狀況評定匯率，同時規定匯率每日漲跌幅為±0.5%，1980 年 3 月中央銀行退出評議匯率，同時放寬漲跌幅為±1%。

2.中心匯率時期（1982/9/1～1989/4/2）

由於評議匯率主要是依市場供需，無法反應政府政策及基本經濟情勢，因此，自 1982 年 9 月 1 日改由銀行間的外匯供需情形來決定匯率，即以銀行間美元交易價格的加權平均，作為次一營業日的「中心匯率」，各外匯銀行再依中心匯率加減一角，作為顧客市場的價格。

3.自由匯率（1989/4/3～）

中央銀行於 1989 年 4 月 3 日廢除中心匯率制，實行自由匯率制，自由匯率施行初期，為方便銀行與顧客間的小額交易，仍由 9 家外匯銀行評定「小額結匯議定匯率」。1990 年年底完全取消小額結匯議定匯率，由各銀行依本身資金及外匯供需狀況等因素自由調整匯率。

三、美元對新台幣匯率從 1990 年至 2003 年之走勢

美元結新台幣匯率從 1990 至 2003 年之走勢如表 6-1：

表 6-1

年份	最　　高	最　　低	收　　盤
1990	27.53	25.90	27.129
1991	27.50	25.70	25.748
1992	27.755	24.475	25.400
1993	27.030	25.395	26.626
1994	27.170	25.978	26.298
1995	27.500	25.141	27.288
1996	27.930	27.050	27.491
1997	32.950	27.300	32.638
1998	35.250	31.800	32.126
1999	34.400	31.375	31.395
2000	33.199	30.261	33.019
2001	35.299	32.231	34.999
2002	34.789	34.742	34.753
2003	35.025	33.660	33.978

說明：

1. 「最高」為該年度最高匯率

2. 「最低」為該年度最低匯率

3. 「收盤」為該年度最後一天之收盤價

4. 整整十年之間匯率起伏多達十元之譜

　　1992 年新台幣曾升至一美元兌新台幣 24.475 元

　　2002 年新台幣又貶至一美元兌新台幣 34.753 元

申論題

1.　西元 1978 年 7 月之前，我國實施固定匯率制，當時 1 美元兌換多少新台幣？

2.　我國從什麼時候開始實施自由匯率制？

Chapter 7

變
動
匯
率
之
決
定
及

International Exchange

一、匯率之決定

在一個完全自由無干預的外匯市場裡，匯率主要由外匯之供需來決定。在其他情況不變之下，當本國外匯之供給大於外匯之需求時，則本國貨幣相對於外國貨幣升值。而當本國的外匯之需求大於外匯之供給時，則本國貨幣相對於外國貨幣貶值。

二、影響匯率變動的因素

影響匯率變動的因素甚多，單一因素並無法提供一個滿意的解釋；學者曾提出不同之理論，試圖解釋匯率變動的原因。最重要的理論有三：

1.國際收支說

此學說之論點為：一國之貨幣其對外價值之升貶主要受其本國國際收支順差或逆差之影響，而國際收支之變動亦表現在其對外債權債務之變化。當一國年度內之國際收支有順差，亦即其對外債權大於對外債務，該國貨幣對外價值或匯率就會升值。而當一國年度內之國際收支有逆差，亦即其對外債權小於對外債務，該國貨幣對外價值或匯率就會貶值。

2.購買力平價說

此學說之論點為：一國物價水準相對於他國物價水準之變動，會直接影響該國貨幣對他國貨幣幣值（匯率）之變動，而兩國物價水準之相對變動即表現在其購買力之變化。如果一國貨幣購買力較他國轉強，即表示其相對物價水準下降，其每一單位之貨幣比以前可購買更多他國之商品及勞務，因此其本國貨幣相對於他國貨幣升值。反之，如果一國貨幣購買力較他國轉弱，即表示其相對物價水準上升，其每一單位之貨幣

可購買他國之商品及勞務較以前為少,因此其本國貨幣相對於他國貨幣貶值。

3.匯兌心理說

此學說之論點為:匯率之變動是人們心理上主觀評價之結果,亦即匯率係由市場上供需雙方之心理因素所決定的影響。人們心理主觀評價之因素有人民對政府之信心、財政、金融、經濟重大事件之衝擊,或相關之重大決策及變革。

實務上一般人均認為下述因素會影響匯率之變動:

(1)外匯之供需。

(2)通貨膨脹率。

(3)經濟成長率。

(4)利率。

(5)失業率。

(6)國際收支。

(7)期待心理。

(8)政治及金融狀況。

(9)中央政府之干預。

(10)外匯存底。

(11)政府支出。

三、匯率之預測

一個人的預知能力非常有限,他僅能以過去的資料及經驗去判斷未來的情況,不幸的是,資料及經驗並不足以讓他做準確的預測。他的智慧常是源自於他過去的錯誤。他的謹慎亦起因於他過去錯誤的行動。一個金融從業人員雖知對未來的預測或評估藝術成分多於科學。但是絕不可以這個侷限做為放棄做有限度的經濟預測或評估之藉口。

　　一個銀行從業人員須養成做預測或評估的良好習慣，以形成他對匯率一定的靈敏度。

　　大致有四種方式可以用來預測未來匯率的走勢：

(1)研發一種可靠的預測匯率模型。

(2)比其他匯率預測者以較快速且持續地蒐集影響匯率走勢的相關資料。

(3)掌握匯率暫時失衡之原因。

(4)精確預知政府對外匯市場的干預行動。

申論題

1. 匯率變動的原因有數種理論，最重要的理論有哪三種？

2. 實務上，一般人認為會影響匯率變動的因素有哪些？

Chapter 8

及風險管理
外匯交易的風險

International Exchange

　　了解外匯交易風險及設計一套管理風險的制度是外匯交易成功與否的重要因素。

一、外匯交易的風險種類

　　外匯交易的風險主要有下列六類。

　　1.信用風險

　　信用風險是指交易對手因信用發生問題，以致無法履行其交割義務之風險。

　　2.部位風險

　　一般銀行有時投機，為創造外匯利益會持有未軋平之開放部位（Open Position），一旦匯率產生波動即會造成匯兌的損失或利益，此即為部位風險。

　　3.利率風險

　　銀行由於每營業日承作多種期別之外匯交易，各種期別之交易無法逐一以相對檔期之遠期交易軋平，因此交割日往往無法配合，會發生資金流量缺口，各幣別之利率不同，利率變動的風險無法避免。

　　4.流動性風險

　　流動性風險是指銀行是否具備於任何時點以合理之成本取得所需資金履行其交割義務之能力。若因央行管制、干預或資金緊縮等因素，致取得資金之成本升高，甚至無法取得，會對銀行之營運產生衝擊。

　　5.國家風險

　　國家風險是指交易對手之國家，因外匯政策之改變，以致無法以外幣從事外匯交易之交割。

　　6.管理風險

　　管理風險是指因銀行內部對外匯交易相關之管理不健全，所導致的風險。

二、外匯交易的風險管理

各類外匯交易的風險管理方式條列如下：

1.信用風險

銀行會對交易之企業及同業事前進行信用狀況評估，然後依評估之結果，對每一交易對象訂定外匯交易額度（FX Line），每年依其信用狀況予以調整額度。同時對每一交易對象於每單一到期日之契約金額訂定交割風險額度（Settlement Line）。

2.部位風險

將開放部位（Open Position）軋平，可消除部位風險，但若每筆交易均加以軋平，作業成本太高。一般僅對大筆金額交易採逐筆軋平。每種外幣仍會有未軋平部位，為管理未軋平部位應設定各幣別外匯交易未軋平部位的隔夜限額（Overnight Limit）及外匯部位統合總限額（Override Limit）。

3.流動性風險

控制流動性風險的方法，須制定在一定期間內應交割之最大累積額度（Maximum Cumulated Outflow）。

4.國家風險

就個別國家設定國家風險額度，外匯交易額度為其中之一個細項，其目的為避免因交易對手國外匯政策改變，以致無法從事外匯交割而造成之損失。

5.管理風險

管理風險之控制主要為：

(1)遴選適任人員。

(2)加強內部稽核能力。

(3)使用電腦自動化交易系統以減少錯誤。

(4)完善之作業準則及手冊。

申論題

1. 外匯交易風險種類甚多，試列舉之。

2. 何謂外匯交易之信用風險？

3. 何謂外匯交易之國家風險？

易室
銀行的外匯交

International Exchange

一、設立交易室的目的

銀行設立交易的目的有二：

(1)在可接受的風險程度下去謀取外匯交易利潤。

(2)強化一個銀行在銀行業間的地位，並贏取銀行客戶對該銀行承作外匯交易的信心。

二、銀行交易室的組織

下圖為一簡單的銀行交易室的組織。

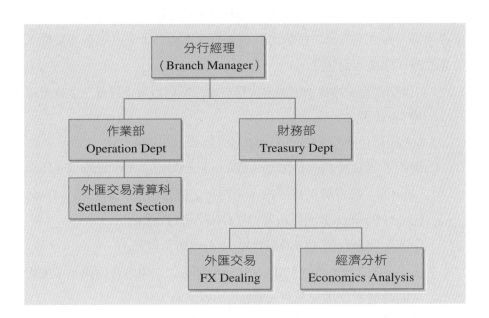

圖 9-1

三、外匯交易的作業控管

外匯交易的金額常達百萬美元，單筆交易的金額不小，故必須有完善的作業控管，以防止造成銀行的損失。

交易室的交易員均須受授權額度之限制，在其授權額度內從事外匯交易。所有交易均須做成記錄。所有交易之清算由清算科為之，以避免有舞弊之情形。

四、銀行的總外匯交易限額

下面條列某一銀行之總外匯交易限額。總外匯交易限額係由銀行常董會通過。外匯交易員之授權由財務部經理在總外匯交易限額內授權，並經總經理核准後訂定之。

1. 外匯交易員之授權由財務部經理在本限額內以書面授權，並經總經理核准後訂之。
2. 未軋平部位限額（Uncovered /Open Position Limit）
(1) 隔夜外匯買賣超部位限額（Overnight Foreign Exchange Position Limit）；每日營業終了後，可持有之隔夜外匯買超部位（Overbought Position）或賣超部位（Over-sold Position）。
   ① 美金對新台幣（USD/NTD）：美金伍佰萬元。
   ② 美金對其他外幣（USD/3rd Currencies）：美金壹佰萬元；惟需同時發送停損交易單（Stop-Loss Order）。
   外匯科可持有之隔夜外匯淨買超部位或淨賣超部位（①+②），以等值美金伍佰萬元為最高限額。
(2) 日中外匯買賣超部位限額（Daylight Foreign Exchange Position Limit）：營業時間任一時點，得持有之外匯淨買超部位或淨賣超

部位。

①美金對新台幣（USD/NTD）：美金壹仟萬元。

②美金對其他外幣（USD/3rd Currencies）：美金貳佰萬元。

外匯科依上列①、②兩項總計可持有之外匯淨買超部位或淨賣超部位，以等值美金壹仟萬元為最高限額。

3.停損限額（Stop Loss Limit）：限制外匯交易停損金額。

每筆外匯交易或外匯淨部位損失達新台幣貳拾伍萬元為停損限額，交易員必須作停損之拋補。

4.停止交易限額（Stop Trading Limit）：限制外匯科單月累計虧損之最高金額。

每月外匯交易損失累計達新台幣貳佰萬元時，外匯科應立即停止所有的金融性外匯交易，僅能從事為支應廠商需求所作之拋補交易。

5.外幣資金期差限額（Maximum Cumulative Outflow）：在一定期間內資金淨流出累積之最大限額。

外匯科在六個月期間內資金淨流出累積之最大限額為美金貳仟萬元，任何超過六個月之資金缺口以軋平（Match）為原則，以確保外幣資金之流動性。

 申論題

1. 銀行設立外匯交易室的目的為何？

2. 何謂隔夜外匯買賣超部位限額？

3. 何謂日中買賣超部位限額？

Chapter 10

金融商品

涉及外匯交易的

International Exchange

一、外匯金融商品的定義

是指那些以外幣計價的金融商品。

二、外匯金融商品的種類

外匯金融商品之種類大致有下述項目：

1.銀行傳統性質的外匯金融商品

(1)存款性質的金融商品：外幣活期存款與外幣定期存款。

(2)放款性質的金融商品：外幣貸款、出口押匯、出口託收融資、進口押匯、進口託收融資、國際聯合貸款、應收帳款收買和中長期出口票據貼現。

(3)匯兌性質的金融商品：外幣現鈔買賣、旅行支票買賣與光票買入。

(4)匯款性質的金融商品：國外匯入匯款與國外匯出匯款。

(5)外幣保證：押標金保證、履約保證和分期付款保證。

2.純外匯交易的金融商品

預購預售遠期外匯、外匯保證金交易、無本金交割遠期外匯。

3.貨幣市場上的金融商品

商業本票與銀行承兌匯票。

4.資本市場上的金融商品

外國公債及公司債。

5.衍生性外匯金融商品

外匯交換、外匯期貨和外匯選擇權。

6.投資性質的外匯金融商品

海外基金與存託憑證。

三、外匯金融商品的考量

以上各類金融商品均涉及外匯交易，也就是說這些金融商品須考量的重點和以本國貨幣計價的金融商品是不一樣的。

外匯金融商品之交易至少有下列三點須特別留意：

(1)匯價：匯率的波動。

(2)資金成本：資金成本之計算不同於本國貨幣資金成本。

(3)國家風險：涉及不同國家的貨幣，連帶有國家風險。

以下各章我們將重點式的介紹一些重要的金融商品，讓讀者了解這些金融商品的性質。如果要投資金融商品，了解商品的性質，是投資的基本出發點，透過對商品的了解，才能掌握投資成本和風險所在，從而形成投資策略。

申論題

1. 純外匯交易的金融商品有哪些？

2. 從事外匯金融商品時，有哪三點必須特別留意？

Chapter 11

外幣存款

International Exchange

一、外幣存款的定義

外幣存款是指以本國貨幣以外的外國貨幣，存入個人在銀行所開立的外幣帳戶內的存款。

二、外幣存款的好處

利用銀行外幣存款戶的好處甚多。從事外幣存款至少可以：

1.避免資產縮水

因為每一國其財政收支、經濟狀況乃至利率水準，均會有某種程度的差異，這會影響幣值的強弱，從而使匯率產生變化。美國的美元做為世界性的通貨，自然幣值須相當穩定，存美元保值性要強得多，這就是為什麼低度開發國家喜歡持有美元的原因。

2.可以賺取匯差

假如存入之外幣其幣值升值匯率上升，一單位的外幣可以兌換較多的本國貨幣，這就是匯差。也就是存外幣不僅有利息收入，也有匯差收入。

假設存入 NT$1,000,000 等值之美金，美金對台幣之匯率為 USD/NTD31，共計存入 USD32,258.06。又假設存入期間半年，半年後領出，當時美金升值，匯率變成 USD/NTD32，那麼到期時可領取 NTD32 × 32,258.06 ＝ NTD1,032,257.92，匯差收入為 NTD1,032,257.92 － NTD1,000,000 ＝ NTD32,257.92。

3.可以提升外匯知識及國際觀：

透過觀察各國貨幣漲跌和利率變動，存款人可以了解各國的政治經濟情勢，在金融商品多樣化的時代，間接地可以對購買外國基金、投資外國股票、債券或公司債有很大的助益，這是存入外幣長遠的好處，非

只是經濟利益之考量。

三、外幣存款的種類

　　外幣存款和台幣存款一樣，主要分成活期存款和定期存款兩種。活期存款因隨時可以提領，基於成本考量，利息通常比定存為低。定期存款則須視存款期間要多久，於到期時才能提領，其存款期限一般有一、三、六、九、十二等不同月期可供存款人選擇。大額存戶可以有「指定到期日」之選擇。另承作外幣存款的業務，須由中央銀行核准，只有「外匯指定銀行」才可以有資格承作外幣存款。

四、外幣存款的幣別

　　外幣存款的幣別，有下述之種類：

表 11-1　外幣存款的幣別種類

外幣中文名稱	外幣英文名稱	外幣國際標準代號（ISO）
美元	US Dollar	USD
英鎊	British Pound	GBP
歐元	EURO	EUR
日圓	Japanese Yen	JPY
加拿大幣	Canadian Dollar	CAD
港幣	Hong Kong Dollar	HKD
瑞士法朗	Swiss Franc	CHF
澳幣	Australia Dollar	AUD
紐西蘭幣	New Zealand Dollar	NZD

五、損益平衡匯率

外幣存款必須建立損益平衡觀念，任何投資都有盈虧，除了注意投資報酬率外，也要注意平衡點，才不致於賠了夫人又折兵。外幣損益平衡匯率，可用下述公式求得：

(1)台幣本金 ÷ 外幣兌台幣的賣出匯率＝等值的外幣本金

(2)等值的外幣本金 × 利率 × 存款天數 ÷ 360＝利息

(3)等值的外幣本金＋利息＝領回的外幣本利和

(4)台幣本金 ÷ 領回的外幣本利和＝損益平衡匯率

〔註〕除英鎊、澳元及紐元其計算利息是以 365 日為一年外，其餘都習慣以 360 天為一年。

釋例

假設李小寶在美元匯率為 NTD34 時存入 NTD1,000,000 等值之美元，存入期間三個月，美元年利率為 4.5%，則損益平衡匯率為 NTD33.62，其計算如下：

(1) $1,000,000 \div 34 = 29,411.76$

(2) $29,411.76 \times 4.5\% \times 90 \div 360 = 330.88$

(3) $29,411.76 + 330.88 = 29,742.64$

(4) $1,000,000 \div 29,742.64 = 33.62$

若匯率等於 33.62 不賺不賠，若低 33.62 則虧損，驗算非常簡單，驗算如下：

$29,742.64 \times 33.61 = 999,650$（台幣本金）

六、利息收入的稅賦

　　個人綜合所得稅之課徵是每年的一月一日至同年十二月三十一日止，每一申報戶享有每年 27 萬的免稅優惠，超過部分列入當年度的所得計稅。

　　但當存款利息收入在新台幣 20,000 元（含）以上時，銀行會依財政部之規定預先代扣 6%的稅金。

申論題

1.　何謂外幣存款？

2.　外幣存款的好處何在？

3.　EURO 和 CHF 各為何種外幣的國際標準代號？

Chapter 12

外幣活期存款

International Exchange

一、外幣活期存款之定義

外幣活期存款是指存款人憑存摺或依約定的方式隨時提取外幣的存款。

二、存款方式

(1)外幣存款之存入款項得為：國外匯入匯款、外幣貸款、外幣票據、外幣現鈔、新台幣結構之外匯或出口所得外匯。

(2)開戶金額及起息金額：外幣活期存款開戶最低金額為美金壹佰美元，每日餘額達壹佰美元以上方計息。

三、外幣活期存款利息計算釋例

釋例

單位：美元

日 期	借 方	貸 方	餘 額	日 數	積 數
89/7/2		100,000	100,000	30	3,000,000
89/8/1		10,500	110,500	33	3,646,500
89/9/3	8,000		102,500	28	2,870,000
89/10/1		1,000,000	1,102,500	31	34,177,500
89/11/1	100,000		1,002,500	31	31,077,500
89/12/2	12,500		990,000	19	18,810,000
89/12/21		11,537	1,001,537		

假設：89/12/2 以前之年利率為 4.5%，

89/12/2 調整為年利率 4%，

到 89/12/21 止應付外幣活期存款利息為何？

(1) $74,771,500 \times \dfrac{4.5\%}{365} = 9,218$

(2) $18,810,000 \times \dfrac{4\%}{365} = 2,061$

(3) $9,218 + 2,061 = 11,279$

應付利息為 US$11,279

申論題

1. 何謂外幣活期存款？
2. 哪類款項可存入外幣存款戶？

外幣定期存款

International Exchange

　　定期存款是指具有一定期限的存款。存款人存入之時，存戶即與銀行約定存款期限，原則上非至期滿不能提取，這種存款以存單為憑，稱之為定期存單。

　　定期存單有三個特點：①定存單有一固定之面額，②定存單於到期時以本息一次償付存單的持有人，③支付固定之利息，利率於存單開立之日已確定。

　　定期存單分兩類：一為不可轉讓定期存單，一為可轉讓之定期存單。在台灣由銀行發行的外幣定期存單皆為不可轉讓的定期存單。在美國可轉讓之定期存單因其可轉讓，故為有價證券，為貨幣市場上的金融工具。

　　以下為不可轉讓定期存單的一個釋例：

釋例

假設存戶於 1999 年 1 月 1 日存入 US$100,000 的外幣定期存款，取得一張定期存單。存款期限 3 個月，年利率 12%，3 個月後即 1999 年 3 月 31 日，問屆滿日銀行須支付存戶多少錢？

利息之計算用下述公式

$$利息 = 本金 \times 年利率 \times \frac{天數}{365}$$

$$利息 = US\$100,000 \times 12\% \times \frac{90}{365} = US\$2,958.90$$

本金 = US$100,000

本利和為 US$100,000 + US$2,958.90 = US$102,958.90

銀行須支付存戶共 US$102,958.90

申論題

1. 何謂外幣定期存款？
2. 定期存單有哪兩類？

Chapter 14

及定期存款

多幣別活期存款

International Exchange

一、多幣別活期及定期存款的定義

同時提供存款人利用一本存摺達到多幣別定期存款及活期存款投資的功能。

二、多幣別活期存款及定期存款的特點

多幣別活期存款及定期存款的特點如下：

(1)存款人只要擁有一個外幣存款帳戶，即可利用該帳戶進行多樣化幣別存款理財投資，使用一本存摺就可記錄各幣別之存取款項及餘額，免去保管各種幣別存摺的麻煩。存款人於一本存摺內可以隨時轉換強勢幣別，把握賺取匯差的機會。

(2)一摺兩用。每一存摺並列外匯活期存款及外匯定期存款，方便存款人保管及查閱。

(3)存款之定存部分到期，可將本金或本利照原存期自動轉期。

三、存款方式

存款之存入款項得為國外匯入款、出口押匯款、已進帳之出口託收、光票託收款、外幣貸款、外幣現鈔或以新台幣結購之外匯。

四、提款方式

提取外幣存款的方式得為

①由存戶申請匯出，②本息兌換為新台幣，③活存轉為定存續存，④定存解約轉為活存續存，⑤償還外幣貸款，⑥由銀行開立外幣票據支

付本息。

五、存款幣別

存款幣別及最低起存額不盡相同，以下所列為某一銀行對外幣活存與外幣定存的各別存款幣別及最低起存額之規定。

1.外匯活期存款

幣別	最低起存額
美元，馬克，英鎊，瑞士法朗，澳幣，加幣，荷幣，新幣，馬幣，歐元	100
奧地利幣，港幣，南非幣，瑞典幣，泰幣	1,000
日圓，義大利里拉	10,000

存款利率：依每營業日銀行掛牌外幣活存利率。

計息方式：活期存款結算利息比照銀行「新台幣活期存款」方式辦理。

2.外匯定期存款

幣別	最低起存額
美元，歐元	1,000
英鎊，瑞士法朗，澳幣，加幣，新幣，馬幣，港幣	10,000
日圓	100,000
義大利里拉	10,000,000

存款利息：依每營業日銀行掛牌定存利率。

計息方式：定期存款按起存日相關存款期別之存款利率固定單利計

息，並於到期解約時支付存款利息。

定存期別：1 週、2 週、3 週，1 個月、3 個月、6 個月、9 個月，1

　　　　　年（以週為期之幣別限美元、馬克、歐元與日圓）

中途解約：外匯定期存款中途解約不予計息。

申 論 題

1.　何謂多幣別活期存款及定期存款？

2.　多幣別活期存款及定期存款提取存款的方式有哪些？

Chapter 15

外匯保證金交易

International Exchange

一、外匯保證金交易的定義

外匯保證金交易可以說是外匯的信用交易，投資人只要用一定比例的錢（保證金）就可以從事數倍於保證金額的外匯投資。

對投資人來說，外匯保證金交易風險大，利潤亦高。對承作的銀行來說，銀行可從報給客戶的匯價上賺取匯差。

二、外匯保證金交易之性質

(1)外匯交易採保證金交易制，稱之為外匯保證金交易。

(2)每張合約在台幣 250 萬上下，保證金一般為外匯契約的 5%。

(3)保證金須為有效保證金。有效保證金是帳戶資金淨額扣除以美洲市場收市結算之「浮動損失」後之餘額。

(4)一張契約須留「有效保證金」US$2,000。

(5)若資金不足所定最低限度金額，其比例在 50%以下，須立刻補足不足之數額。

三、外匯保證金交易損益計算

1.匯率

(1)間接報價貨幣：如馬克、日圓。

$$\left(\frac{1}{賣出價}-\frac{1}{買入價}\right)\times 合約數量 \times 張數 = (\quad) 美元$$

(2)直接報價貨幣：英鎊。

（賣出價－買入價）× 合約數量 × 張數 =（　　）美元

2.利息

$$\left(\frac{合約數量}{開倉價}\right) \times \left[\frac{利率}{360} \times 天數 \times 張數\right] = 利息$$

四、釋例

釋例 1

買進馬克5張（每張125,000馬克），買價US\$/DM1.39，持有部位16天，以 US\$/DM1.37 賣出（計算日 16＋2＝18 天，2 天為訂約後 2 日交割的意思），買進馬克之年息為 4%，美金之年息為 5%，每張合約保證金為US\$2,000，每張手續費 US\$70，求此交易之損益及投資報酬率。

(1)損益計算

$$\left(\frac{1}{1.37} - \frac{1}{1.39}\right) \times 125,000 \times 5$$

$(0.7299 - 0.7194) \times 125,000 \times 5 = 6,562.50$ 匯價部分

$$\frac{1}{1.37} \times \left(125,000 \times 5 \times 4\% \times \frac{18}{360}\right)$$

$$0.73 \times \left(125,000 \times 5 \times 4\% \times \frac{18}{360}\right)$$

$0.73 \times 1250 = 912.50$……利息收入

$$\frac{1}{1.39} \times 125,000 \times 5 \times 4\% \times \frac{18}{360}$$

$$0.72 \times 125,000 \times 5 \times 4\% \times \frac{18}{360}$$

$0.72 \times 1250 = 900$……利息支出

$$6,562.50 + (912.50 - 900) - (70 \times 5) = 6,225$$

(2)投資報酬率

$$R = \frac{6,225}{2,000 \times 5} = 62.25\%$$

釋例 2

客戶某甲以紐元 100,000 買入美元，匯率 NZD/USD0.7000，二天後購回紐元 100,000 平倉，假設紐元利率 7%，美元利率 6.5%，支出費用為 0.05%（買入及購回皆須支付），購回時匯率為 NZD/USD0.6900，請問此筆交易之盈虧？

1. 匯差部分

$NZD100,000 \times (0.7000 - 0.6900) = USD1,000$ 或 NZD1,450

2. 利息部分

利息收入 $USD70,000 \times 6.5\% \times \frac{2}{360} = USD25.27$ 或 NZD36.63

利息支出 $NZD100,000 \times 7\% \times \frac{2}{365} = (-)NZD38.35$

3. 費用部分

費用支出 $NZD100,000 \times 0.05\% \times 2 = (-)NZD100$

4. 盈利計算

盈利 NZD1,450 + NZD36.63 - NZD38.35 - NZD100

$= (+)NZD1,348.28$

此筆交易淨收入為 NZD1,348.28

申論題

1. 何謂外匯保證金交易？

2. 外匯保證金交易其保證金金額一般為多少？

Chapter 16

外匯

無本金交割遠期

International Exchange

一、無本金交割遠期外匯交易的定義

無本金交割遠期外匯（Non-Delivery Forward）俗稱 NDF，它是指買賣雙方在外匯交易之日，先訂立契約，彼此約定於未來某一特定日期，依事先約定的匯率進行交割，而且在交割時無須交割本金，僅以事先約定匯率與到期日當天即期匯率的差額來計算。

二、無本金交割遠期外匯交易的特點

(1)無本金交割遠期外匯交易為遠期外匯。

(2)不需具備實際交易的基礎（銀行一般承作遠匯交易，必須基於客戶實際交易需要）。

(3)無須交割本金，也就是所謂的差額交割，交割時僅以匯率差額來計算。

(4)較一般遠匯擴大交易倍數，可擴大到 40 倍，例如：繳 2.5% 的保證金，可做 100% 之交易，亦即擴大 40 倍；也就是說 10 萬元可做 400 萬元之交易。

(5)可以降低交割風險。因為非以全數本金交割，而以差額交割，由於金額數目較小，比較不會發生違約的情況，可以降低交割的風險。

三、無本金交割遠期外匯交易的相關規定

1.有關承作對象之規定

(1)國內法人：除指定銀行間交易外，禁止辦理其他國內法人 NDF 交易。

(2)國外法人：承作對象限「在台外商銀行之國外聯行」及「本國銀行之海外分行或子行」。

2.有關業務方面的規定

(1)契約形式、內容及帳務處理，應與有本金交割之傳統遠匯有所區隔。

(2)交易不得展期，不得提前解約。

(3)到期結清時一律採現金價交割，不得進行本金交割。

(4)非經中央銀行允許不得與其他衍生性金融商品、新台幣存款或外匯存款連結。

四、無本金交割遠期外匯交易釋例

> **釋例**
>
> 6/15　某國外銀行 A 向國內銀行 B 買 NDF 1 個 USD1,000,000，匯率 34
>
> 7/15　清算匯率 33.8
>
> 7/17　A 銀行應支付 B 銀行多少？

$$1,000,000 \times (34 - 33.80) = NT\$200,000$$

五、其他相關名詞

1.合約議定匯率

依合約事先約定的匯率，到期時即以此匯率進行交割。

2.清算匯率

清算匯率（Fixing Rate）為到期前兩個營業日，台北時間上午十一時，外匯市場之即期匯價，一般以 Telerate Page 616 或 Reuters Page TFEMA 之 10：45～11：00 最後一筆成交價為準。

申論題

1. 何謂無本金交割遠期外匯交易？

2. 無本金交割遠期外匯交易的特點為何？

融資

外匯授信與貿易

International Exchange

一、授信之定義

　　對某一具備誠信、有償債能力,能履行承諾之對象,行資金之借予、墊付或做保證。

二、授信之本質

　　授信之本質為評估風險及管理風險。銀行授信為評估風險及管理風險之工作。

三、授信之程序

　　授信之基本程序如下圖:

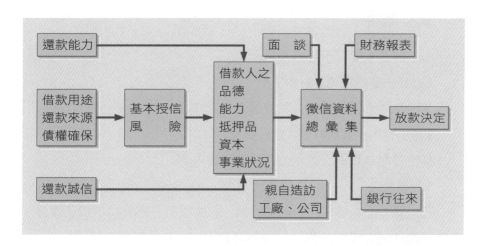

圖 17-1

四、外匯授信之定義

外匯授信即是涉及他國貨幣之授信。

五、外匯授信之風險

外匯授信之風險,除一般授信所面臨之信用風險、市場風險外,還面臨匯率風險及國家風險。

六、外匯授信之種類

外匯授信主要有三大類:①出口融資,②進口融資,③外幣保證。

七、出口融資

出口融資主要有下列八項:

1.憑輸出契約辦理之外銷貸款

其性質為短期放款供外銷營運周轉之需。

2.憑不可撤銷信用狀辦理之外銷貸款

其性質亦為短期放款供外銷營運周轉之需。

3.光票買入

凡以國外金融機構為付款之光票,經由銀行立即兌付客戶票款後,再委託國外同業或國外聯行代收入帳者,稱之為光票買入。

4.出口押匯

銀行墊付出口信用狀下之即期跟單票款,並取得概括性取償權之票據融通。

5.出口託收下付款交單（D/P）及承兌交單（D/A）之融資

出口託收融資係謂銀行對其託收之出口跟單匯票，墊付全部或局部票款之票據融通。

6.出口記帳（Open Account）融資

記帳融資係謂銀行對以記帳方式出口為全部或局部墊款之融資。

7.應收帳款收買（Factoring）

應收帳款收買係金融機構直接買進出口商的應收帳款債權，而承擔進口商的信用風險、進口國的政治風險及匯兌風險等的出口融資業務。

8.中長期出口票據貼現融資業務（Forfaiting）

係銀行在無追索權之基礎上，對資本財之外銷廠商，以固定利率貼現方式，購入其由進口商所發且經往來銀行保證之付款票據，並於預扣利息後，將現金支付給出口商之一種中長期融資。

上述 1.2.3.項為裝船前之融資，4.5.6.7.8.項為裝船後之融資。

八、進口融資

進口融資主要有下列五項：

1.買方遠期信用狀進口融資（Buyer's Usance L/C）

買方遠期信用狀進口融資，係指本行受進口商之委託開發國外信用狀，並於國外押匯日或扣帳日起給予該進口廠商一定期限之融資，使其得以提貨從事加工或銷售，而於到期日以銷貨收入結購外幣償還的一種授信方式。

2.賣方遠期信用狀進口融資（Seller's Usance L/C）

為協助進口廠商以賒購方式向國外出口廠商購買物資，由本行保證（承兌），於出口廠商裝船後一定時日（如 180 天）內，依照約定，請償貸款本息。

3.進口託收下付款交單（D/P）及承兌交單（D/A）融資

對進口商辦理進口託收付款交單，承兌交單所需資金給予融資。

4.進口記帳（Open Account）融資

對進口商辦理進口記帳所需資金予以融資。

5.進口機器貸款

為協助國內進口廠商改善其設備，以提高其生產效率，改善產品品質，於國外供應商辦理出口押匯時由本行墊借外幣，由借款人按約定期限內分若干期結匯償還。

九、外幣保證

外幣保證非對客戶直接的資金貸放行為，其本質與授信並無二致。

外幣保證大致有：①押標金保證；②履約保證；③分期付款保證；④償還保證；⑤憑擔保信用狀（stand-by L/C）所為之融資。

十、其他與外匯授信相關之外匯業務

其他相關外匯授信業務有：①擔保提貨；②副提單背書；③外幣定期存單質借；④預購、預售遠期外匯。

十一、外匯授信與一般授信不同之處

外匯授信與一般授信不同之處大致有四點：①外匯；②外語；③風險；④授信種類。

申論題

1. 何謂授信？

2. 何謂外匯授信？

3. 外匯授信的風險有哪些風險？

4. 外匯授信有哪些種類？

5. 外匯授信與一般授信不同之處為何？

出口及進口押匯

International Exchange

一、出口押匯的定義

信用狀的受益人向開狀行指定之銀行或其往來銀行，請求貼現信用狀項下之匯票及單據稱之為押匯，押匯銀行貼現匯票後，即成為該匯票的執票人，對開狀銀行及付款銀行享有付款請求權，對受益人享有追索權。

根據銀行公會 89.1.7 全授字第 0037 號函頒之「中華民國銀行公會全國聯合會會員授信準則」對出口押匯之定義闡述如下：

所謂出口押匯，謂出口商因出口貨品或輸出勞務而得向國外收取之信用狀款項，由金融機構先予墊款，同時將該信用狀下之押匯單據讓予金融機構供作擔保，委託金融機構向國外開狀銀行收取款項，並償還墊款之融通方式。押匯銀行在墊款時收取手續費、墊款息或貼現息。

二、出口押匯釋例

釋例

假設出口商向他往來之銀行 XYZ 銀行提示一套出口單據，連同信用狀乙紙，請求 XYZ 銀行墊款，又假設該單據之匯票為 US$1,436.40，當天即期買入匯率為 NT$30.67，試問該出口商可自銀行收到多少台幣墊款？

匯票金額 US$1,436.40 × 30.67　　　　　　NT$44,054.39

減：(1)手續費　　　　　　　　　　　　　　(－) 500.00

　　(2)郵費　　　　　　　　　　　　　　　(－) 350.00

　　(3)墊款利息（出口押匯利息）　　　　　(－) 135.83

$$44,054.39 \times 9.25\% \times \frac{12}{360}$$

$$= 135.83$$

　　銀行給付給客戶墊款淨額　　　　　　　NT$43,068.56

註：(1) 9.25%係銀行短期融資利率。

　　(2) 12 天係銀行估計從墊款日起至墊款外幣回收日止總計之天數。

三、進口押匯之定義

　　進口押匯係指銀行接受借款人之委託，對其國外賣方先行墊付信用狀下單據之款項，再通知借款人在約定之期限內，備款贖領進口單據之融通方式。

四、進口押匯釋例

釋例

假設 2001 年 4 月 16 日慶豐銀行國外部接到美國加州銀行寄來的報單（Covering Letter）匯票及進口單據，並通知客戶前來贖單，客戶遲至 4 月 25 日才贖單，該行於七個工作日內，即 4 月 24 日付款給加州銀行，又假設 25 日當日之賣匯匯率為 NT$30.50，而牌告美金利率為 5%，問客戶共需支付多少錢給慶豐銀行？又假設匯票金額為 US$5,000。

匯票金額 US$5,000 × 30.5   NT$152,500

加：(1)電報費   (＋) 200

  (2)墊款利息   (＋) 21

客戶應支付銀行之金額   NT$152,721

註：墊款利息之計算如下：

$$NT\$152,500 \times 5\% \times \frac{1}{360} = NT\$21$$

申論題

1. 根據銀行公會 89. 1. 7 全授字第 0037 號函頒佈之「中華民國銀行公會全國聯合會會員授信準則」，出口押匯之定義為何？

2. 押匯銀行在出口押匯行墊款時，除收取手費外，還收取何種費用？

3. 何謂進口押匯？

4. 進口押匯單據之檢驗係根據信用狀為之，還是不須根據信用狀就可代墊付款？

出口託收及融資

International Exchange

一、出口託收的定義

　　凡非依據信用狀裝運貨品出口者，出口商開立發票連同全套貨運單據，委託出口地銀行向國外進口商收取貨款，稱為出口託收。

二、出口託收的種類

　　出口託收依出口商指定交單的條件通常分為兩類
　　(1)付款交單託收（Documents against Payment, D/P）
　　(2)承兌交單託收（Documents against Acceptance, D/A）

三、出口付款交單託收

　　進口商必須先付款才能自銀行取得貨運單據後提貨，就出口商而言收回貨款的風險較小，進口商得不到資金融通的方便，出口商如須辦理付款交單託收，可至銀行填妥託收申請書委託銀行辦理。

四、出口承兌交單託收

　　進口商須於承兌匯票後才能自銀行取得貨運單據報關提貨。進口商須於匯票到期日到銀行付款，銀行再將貨款解付出口商。此種交易方式如進口商到期末依約付款，出口商將難以收回貨款。對進口商而言，進口商可得到融資的方便。此種方式對出口商較無保障，不可輕率為之。

五、出口託收之融資

　　一般銀行對其信用良好的客戶，會對其出口商所申請之承兌交單託收給一定成數的外匯融資，而進口商將來支付貨款時，結清本金及利息後，將餘款交付給出口商。如此出口商可以獲得資金之融通完成一筆貿易交易。

　　出口商也可以透過輸出入銀行辦理出口融資，輸出入銀行除了融資方便外，也可以順便替出口商辦理徵信及保險，是非常不錯的輸出融資管道，特別是收款期間較長、金額龐大的整廠輸出或機器設備輸出，最好能尋求輸出入銀行的幫忙去完成交易。

六、出口託收的運作規則

　　銀行辦理出口託收，係基於代理人的地位，根據託收人的指示，依外匯管理之法令及託收統一規則（Uniform Rules for Collection）辦理，銀行不擔負其他責任。

申論題

1. 何謂出口託收？

2. 出口託出有哪兩類？

3. 何謂出口承兌交單託收？

4. 出口託收的運作規則為何？

Chapter 20

進口託收及融資

International Exchange

一、進口託收的定義

進口託收係進口所在地的銀行，即受託銀行，收到國外銀行寄來的貨運單據，經審查其委託條款，決定受理後，代為向進口商收取貨款或取得承兌，此種業務稱為進口託收。

二、進口託收的種類

進口託收依出口商委託的交單條件，通常分為三類：

㈠付款交單託收（Documents against Payment, D/P）

㈡承兌交單託收（Documents against Acceptance, D/A）

㈢記帳（Open Account）

三、進口付款交單託收

進口商向受託代收銀行付清匯票或單據之全部款項後，自銀行取得貨運單據報關提貨。受託銀行於收到貨款後，依委託銀行之指示解付貨款。就出口商而言，此種交易方式風險較小。

四、進口承兌交單託收

進口商對於受託銀行所揭示之匯票加以承兌後，取得貨運單據報關提貨。進口商須於承兌匯票到期日，支付貨款，由受託銀行將貨款解付給出口商所在地的委託銀行。此種交易，對出口商風險較大，出口商所有的保障僅有那張經進口商承兌的匯票。在這種交易下，出口商須對進口商的信用狀況有充分的了解後，才能避免交易風險。

五、記帳

　　進口記帳方式係出口商將貨物單據，逕自寄給進口商，供以報關提貨，貨款則依約定期限一次或分次匯付出口商。

六、進口託收之融資

　　一般銀行對其信用良好的客戶，會依進口商實際資金之需求，予以一定成數及期間的融資，以利其交易之完成。

七、進口託收的運作規則

　　銀行辦理進口託收，係基於代理人的地位，根據出口託收銀行的指示，依外匯管理法令及託收統一規則（Uniform Rules for Collection）辦理。

申論題

1. 何謂進口託收？

2. 進口託收有哪三類？

3. 何謂進口承兌交單？

4. 何謂記帳交易？

Chapter 21

業務應收帳款收買

International Exchange

一、應收帳款收買業務之定義

應收帳款收買業務係金融機構直接買進出口商的應收帳款債權，而承擔進口商的信用風險、進口國的政治風險及匯兌風險之出口融資業務，稱為 Factoring，經營此業務的金融機構稱為 Factor。

國際貿易中之 Factoring，係出口商與 Factor 於訂立 Factoring 契約之前，提供有關進口商之資料給該 Factor 辦理徵信，Factor 憑徵信結果訂定該進口商的信用額度（Credit Line），再與出口商正式簽定 Factoring 契約。契約期限為一年或多年不等。出口商出貨後將貨運單證交給 Factor，Factor 扣除貼現息及各種手續費後，將款項交給出口商，到期向進口商請求付款。

目前國際應收帳款收買業務（International Factoring）有三大組織，分別為 FCI（Factoring Chain International）、Heller Group 及 IF Group。其中以 FCI 為最大，有 150 家會員，分散在 51 個國家，其中大多數為銀行。

實務上，Factor 除提供融資承擔風險外，並辦理債權管理、記帳、催收及諮詢工作。

二、應收帳款收買業務之交易過程

應收帳款收買業務之交易過程大致如下：

(1)出口商接受進口商的訂單。

(2)把進口商之資料送給 Factor，請其辦理徵信調查。

(3)Factor 核定進口商之信用額度，並與出口商簽定 Factoring 合約。

(4)出口商裝運商品，備妥貨運單據，並送交 Factor 請求收款或融資。

(5)應收帳款到期時，Factor 向進口商收取貨款。

(6)進口商償付貨款。

(7)Factor收妥應收帳款，扣除手續費或融資本息後，將餘款匯付出口商。

整個應收帳款收買業務交易流程，如圖 22-1：

Factor	出口商	進口商
	1. 訂單	
	2. 送進口商名單請 Factor 信用調查	
3. 答應出口商承擔風險或收買債權（核定信用額度）		
4. 墊款		5. 匯票及貨運單據
6. 代理收款		
8. 扣除佣金手續費後，匯款給出口商		7. 付款

圖 22-1　應收帳款收買業務交易流程圖

三、應收帳款收買業務對出口商所帶來的好處

對出口商而言，應收帳款收買業務至少有下述益處。

(一)擴大外銷市場

(1)透過應收帳款收買業務，出口商可以用O/A之付款方式直接外銷給大批發商或零售商，以增加交易機會。

(2)配合進口地之銷售條件。

㈡可以獲得資金融通和債權保障

⑴出口貨款在 Factor 核准之進口商信用額度內，信用風險由 Factor
承擔。

⑵在應收帳款未收妥前需要資金時，可洽請Factor或與其合作之金
融機構墊付貨款或提供短期融資。

⑶減少出口商之管理費用

記帳、收款及催收等作業由 Factor 辦理，可以減輕內部工作。

四、應收帳款收買業務與 D/P，D/A，O/A 輸出綜合保險業務之比較

應收帳款收買業務與 D/P，D/A，O/A 輸出綜合保險業務之比較，
如表 22-1：

表 **22-1** 應收帳款收買業務與**D/P，D/A，O/A**輸出綜合保險業務之比
較表

種類 內容	應收帳款收買業務	D/P，D/A，O/A 輸出綜合保險
性質	應收帳款債權轉讓	保險
保證金額	100%之應收帳款	最高輸出金額 85%
承辦機構	Factor	中國輸出入銀行
交易條件	D/P，D/A，O/A 海空運均適用	D/P、D/A 不適用空運（因空運單據無物權所以不接受），O/A 適用空運（因依雙方買賣契約同意故可接受）
轉口貿易	可接受	不接受
帳務管理	由 Factor 管理	出口商自理
理賠手續	催收期為 Due Date 起算 90 天，第 90	出口商檢具： *1.* 賠償申請書

	天即保證付款。	2.保險證明書
		3.輸出許可證海關回單聯（免證者免附）
		4.買賣契約原本
		5.輸出匯票正本
		6.商業發票
		7.提單
		8.拒絕證書或破產宣告證明書
		9.貨物檢驗證明書（無品質，規格不符等問題者免）
		10.進出口商間往來文件
		11.其他必要證明文件
		經中國輸出入銀行審核通過後兩個月內給付保險金
融資成數	出口商備齊裝船文件經 Factor 同意向融資銀行墊款（一般為貨款 80%）	出口商憑保單至其往來銀行申貸，融資金額一般為保險金額 80%

五、非 Factor 之銀行其應收帳款收買業務形態

　　非Factor之銀行其應收帳款收買業務係透過與Factor之合作（如：中租迪和公司），進行國際應收帳款管理出口後融資。採用此種方式之理由，係應收帳款收買業務須一龐大的徵信網，所須從業人員的知識技能較複雜，並須長期培養方能竟其功。

六、銀行依上述方式進行之應收帳款收買業務其關係人成員

　　關係人有：
甲方——出口商
乙方——合作之國內 Factor

丙方──Import Factor（國外）

丁方──國外進口商

另有一方為提供融資之銀行

七、帳務管理與理賠期限

帳務管理與理賠期限之說明，如表 22-2：

表 22-2　帳務管理與理賠期限說明

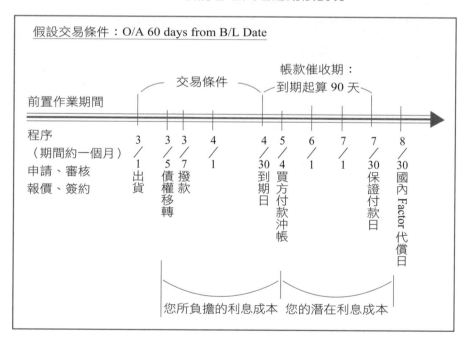

八、國際應收帳款收買業務風險所在

國際應收帳款買入業務應注意下述事項：即進口商以出口商出口之

貨品未符合簽訂契約為由,而拒絕付款時,由出口商與進口商自行解決,Factor 不負貨款保證責任。故出口商之信用狀況極為重要,出口商缺乏誠信時,仍會帶給融資銀行損失。

九、應收帳款收買業務徵信重點

應收帳款收買業務徵信重點有三:

重點一:評估交易之真實性。

重點二:評估交易之應收帳款品質。

重點三:了解賣方(出口商)的產銷流程、經營資歷、產品之市況及行銷策略。

申論題

1.　何謂應收帳款收買業務？
2.　應收帳款收買業務之流程為何？
3.　出口商從應收帳款收買業務中可以獲得哪些好處？

Chapter 22

收買業務

中長期應收票據

International Exchange

一、前言

中長期應收票據收買業務已存在四十多年了。在 1950 年代末期和 1960 年代初期,當資本財的市場由賣方市場轉變為買方市場時,進口商要賒欠期限超過傳統的 90 天或 180 天的情形愈來愈多。隨著世界貿易持續擴張,東歐和第三世界的進口商經常要求較長天期之融資期限。出口商無法用自己的資金去融通這類中長期出口貨款,更何況這些國家的風險狀況在當時不易評估。在 1970 年代常使用中長期應收票據收買業務來從事中小型計畫性融資。如風險度可接受,這種融資通常為無追索權的融資。

二、何謂中長期應收票據收買業務 (Forfaiting)

Forfaiting 一字源自法文 áforfait 含有「讓渡權利」之意思,意指一個票據(如本票、信用狀下之匯票)持有者將未來應收之債權轉讓給中長期應收票據收買業者。大部分此種性質的轉讓,若日後票據到期而不獲兌現,買斷人無權向賣出者追索。賣出者支付買斷人貼現息(Discount),同時將風險及收款事宜移轉給買斷人。本質上,Forfaiting 是一種無追索權之票據貼現。Forfaiting融資交易之賣出者為出口商,其所負責任僅為製造商品依約交貨。賣出人可規避國家、銀行和外匯等風險。

三、出口遠期信用狀賣斷

目前台灣國內銀行一般均與外商銀行合作從事「出口遠期信用狀賣斷」業務。業務範圍小但明確,其主要目的為協助本國出口商規避出口遠期信用狀下開狀行之信用風險及國家風險,使出口商能擴大其出口業務。

四、出口遠期信用狀賣斷之作業方式

出口遠期信用賣斷之作業方式，大致如下：

㈠買斷行評估收買額度

客戶提供出口遠期信用狀相關之資料和其往來之銀行，由銀行轉知買斷行。買斷行依據信用狀內相關資料、開狀銀行及國家信用等，評估收買額度及核予貼現利率。

㈡銀行以對外押匯對內託收之方式提示文件

客戶提示出口文件給與其往來銀行，並簽具「信用狀讓渡書」，將信用狀下出口文件債權賣斷予買斷行，出口商之銀行則以對外押匯對內託收方式提示文件予買斷行。

五、出口遠期信用狀賣斷之流程

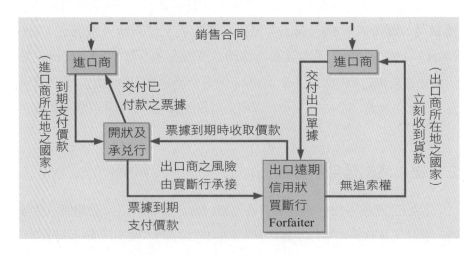

圖 23-1

六、遠期信用狀賣斷（Forfaiting）與國際應收帳款收買（Factoring）比較

表 23-1

	遠期信用狀賣斷 FORFAITING	國際應收帳款收買 FACTORING
適用貿易條件	USANCE L/C	OA，D/A
信用及國家風險免除對象	開狀銀行	買方
利率負擔	貼現利率＋銀行利差	墊款利率（如有融資時）
應付費率	USD100／件＋本行押匯手續費0.1%及郵電費	應收帳款管理服務費（平均約1%）
買斷金額	信用狀金額	Factor 依買方信用及國家風險而定
融資成數	信用狀金額 100%	以應收帳款之八成為原則
融資方式	以對內託收對外押匯方式承作。惟在正式撥款前，如客戶需融資，在債權確保無虞前提下，得先以出口押匯（貼現）方式承作。	憑 Factor 核准及保證之應收帳款，可充當向往來銀行申請應收帳款之擔保品
適用推展客戶群	授信額度不足或遭緊縮之出口商、開狀行信用風險高	財務及營運狀況佳之優良往來出口商

七、遠期信用狀賣斷之作業流程

(1)出口商之銀行接到受益人擬辦理押匯之案件。如適合承作遠期信用狀賣斷時，可向遠期信用狀買斷銀行申請。

(2)傳真信用狀影本及 Application for Trade Finance under Forfaiting Letter of Credit 各乙份給買斷行，並註明下述重點：

①信用狀開狀行及申請賣斷分行。

②信用狀號碼。

③信用狀金額（如信用狀准許增減，則列出增減%）。

④信用狀到期日。

⑤預計出貨日。

⑥匯票期限（遠期信用狀或即期信用狀均需填寫）。

⑦商品名稱。

⑧本行擬收取之利差（至少年利率 1%）。

(3)買斷銀行審核同意後，即寄交本行買斷同意書。

(4)銀行隨後須徵得受益人（出口商）同意 forfaiting 之條件，並簽署出口信用狀賣斷／讓渡書（Letter of Assignment），取得該文件後，雙方始得進行此項交易。

(5)出口商之銀行於處理 forfaiting 時，對出口文件採 L/C 項下之託收方式辦理，將文件（包括 Commercial Invoice, Bill of Lading 等及信用狀影本——銀行須於該影本上背書，並證明與正本無誤）以轉押匯方式聯絡買斷行，請其寄單至開狀行。銀行須在此押匯文件的 Cover Letter 上註明「請貴行寄單並貼現付款」。

(6)買斷行寄單至開狀行尋求承兌。

(7)開狀行確認承兌。

(8)買斷行進行無追索權之買斷，並將押匯款以貼現方式逕付賣斷行所指定之入帳行庫名稱與帳號。

(9)信用狀到期前約兩星期，買斷行將向開狀行發出求償通知。

八、應注意事項

(1)買斷行給予之利率係依據直接貼現息或銀行同業拆款利率加碼
（依風險係數而定），且報給銀行時為 All-in Rate（含銀行欲加
收之利差），亦為銀行報給信用狀受益人（出口商）之利率。由
於買斷為無追索權之交易，買斷行於撥款時將預扣 US$100 做為
到期時可能短收之求償費（Reimbursement Charge）及電報費
（Cable Charge）之補償。此金額為固定費用會自押匯款中扣除。

(2)整件交易行為須待買斷行進行無追索權之買斷才算完成。若有某
些原因致使買斷行不進行買斷（如：開狀行不願承兌該筆信用
狀），則此 forfaiting 之交易即使經過買斷行確認亦不算成立，
故銀行須事先告知出口商以免事後爭議。

(3)本項交易，送件行對出口商係採L/C項下出口託收方式處理，受
理時銀行不墊款，須事先告知客戶，以免有爭議。從買斷行確認
此交易至該行正式撥款約需 12-14 個工作天。整個時間流程，如
圖 23-2。

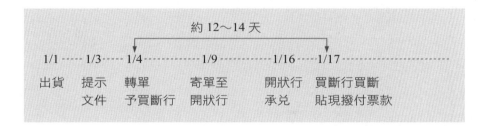

圖 23-2

申論題

1. 何謂中長期應收票據收買業務？

2. 遠期信用狀賣斷與國際應收帳款收買有何不同之處？

中長期出口融資

International Exchange

一、中長期出口融資

　　此種出口融資為已開發國家的政府，為支持和擴大本國技術設備的出口，加強國際競爭，對本國出口給予利息補貼，鼓勵本國商業銀行對本國出口商提供利率較低的貸款，以解決本國出口商資金週轉的困難，這種融資有時稱之為「政府支持的出口融資」，以別於一般的出口融資。

　　此種出口融資通常有兩種形式，即賣方出口融資和買方出口融資。無論哪一種形式，一般都需要買方銀行提供擔保書或擔保信用狀，並限於購買提供貸款國所生產的資本財商品。

二、中長期出口融資的特點

　　中長期出口融資有五大特點：

(1)與進出口短期融資相比，中長期出口融資不是單純地向進出口商融資，其目的主要是加強本國商品的國際競爭力，擴大本國商品之出口。

(2)短期貿易融資是有抵押性質的貸款，而中長期出口融資則具有信用貸款之性質，兩者的融資期限也不同。

(3)中長期出口融資是政府資助的貸款。

(4)中長期出口融資是一種相對優惠的貸款，這主要體現在利率和融資期限上。

(5)中長期出口融資通常與出口保險結合。由於融資金額大、期限長，因此存在一定之風險。已開發國家一般由政府承擔出口融資之風險。

三、中長期出口融資之當事人

中長期出口融資之當事人有：

(1)賣方（出口商）。

(2)買方（進口商）。

(3)政府的出口融資保險銀行。

(4)賣方所在國之往來銀行。

註：在台灣的融資及保險銀行為中國輸出入銀行。

四、中長期出口融資還本付息的方法

由於出口信貸金額大、期限長。歸還本金有的按確定的還款次數平均歸還（一般為半年償付一次），有的每次還本付息的總額均為相同（每次還本額與付息額都不相同，但兩者之和都是等額）；不同的還本付息方式，客戶的融資成本也不同。

計算公式(1)

假設 a ——每次還本金額

A ——本金

N ——次數

I ——每次付息金額

i ——年利率

A_n ——期初本金

T ——總付息額

$a = \dfrac{A}{N}$ $I = A_n \times i \times \dfrac{1}{2}$（$i \times \dfrac{1}{2}$ 為每半年之利率）

$T = A\left[N - \dfrac{N-1}{2}\right] \times i \times \dfrac{1}{2}$

上述公式之來源：

$$T = A \times i \times \frac{1}{2} + (A - \frac{A}{N}) \times i \times \frac{1}{2} + (A - \frac{A}{N} \times 2) \times i \times \frac{1}{2}$$

$$+ (A - \frac{A}{N} \times 3) \times i \times \frac{1}{2} + \cdots\cdots + (A - \frac{A}{N} \times N) \times i \times \frac{1}{2}$$

$$= A \times i \times \frac{1}{2} + NA \times i \times \frac{1}{2} - \frac{A}{N} \times i \times \frac{1}{2}(1 + 2 + \cdots\cdots + N)$$

註：$S = \frac{1}{2}N[2a + (N-1)d]$ 等差級數之公式

$a = 1$

$d = 1$

$$S = \frac{1}{2} \cdot N \cdot (2 \times 1) + \frac{N(N-1) \cdot 1}{2}$$

$$= N + \frac{N(N-1)}{2}$$

故

$$A \times i \times \frac{1}{2} + NA \times i \times \frac{1}{2} - \frac{A}{N} \times i \times \frac{1}{2}\left[N + \frac{N(N-1)}{2}\right]$$

$$= A \times i \times \frac{1}{2} + NA \times i \times \frac{1}{2} - A \times i \times \frac{1}{2} - \frac{A(N-1)}{2} \times i \times \frac{1}{2}$$

$$= A\left[N - \frac{(N-1)}{2}\right] \times i \times \frac{1}{2}$$

釋例 1

假設一筆長期出口融資，貸款之本金為\$1,000 萬元分 10 年每半年還本一次，每次還 50 萬元，年利率為 8%，問此筆長期出口融資之總付息額為多少？

$$T = A\left[N - \frac{(N-1)}{2}\right] \times i \times \frac{1}{2}$$

$$1,000 \times \left[20 - \frac{(20-1)}{2}\right] \times 8\% \times \frac{1}{2}$$

$$= 1,000(20 - 9.5) \times 8\% \times \frac{1}{2}$$

$$= 1,000 \times 10.5 \times 8\% \times \frac{1}{2}$$

$$= 420 \text{ 萬元}$$

計算公式(2)

假設

P＝本金

R_{ate}＝利率（％pa）

M＝每期還款金額

N＝年數

$R = \left(1 + \dfrac{Rate}{2}\right)$

$P \cdot R^{2N} = M(R^0 + R^1 + R^2 + \cdots\cdots + R^{2N-1})$

$\qquad\qquad = M(R^0 + R^1 + R^2 + \cdots\cdots + R^{2N-1}) \times \dfrac{R-1}{R-1}$

$\qquad\qquad = M \cdot \dfrac{R^{2N}-1}{R-1}$

$M = \dfrac{R-1}{R^{2N}-1} \cdot R^{2N} \cdot P$

依上例之符號 $2N = N$ $\quad 1 + \dfrac{i}{2} = R$ $\quad P = A$ 則公式改寫為

$$M = \dfrac{\left[\left(1 + \dfrac{i}{2}\right) - 1\right]\left(1 + \dfrac{i}{2}\right)^N}{\left(1 + \dfrac{i}{2}\right)^N - 1} \times A$$

$$M = \dfrac{\dfrac{i}{2}\left(1 + \dfrac{i}{2}\right)^N}{\left(1 + \dfrac{i}{2}\right)^N - 1} \cdot A$$

釋例 2

假設一筆長期出口融資本金 100 萬，分 10 年 20 次歸還，每半年償還一次，年利率為 8％，請問每次還本金付息的金額若是固定的，那麼每次還本付息之金額應為若干？

$$M = A \cdot \frac{\frac{i}{2}(1 + \frac{i}{2})^N}{(1 + \frac{i}{2})^N - 1}$$

$$\frac{i}{2} = \frac{8\%}{2} = 4\% = 0.04$$

$$M = 1000 \times \frac{0.04(1 + 0.04)^{20}}{(1 + 0.04)^{20} - 1}$$

$$= 1000 \times \frac{0.04 \times 2.191123}{2.191123 - 1}$$

$$= 1000 \times \frac{0.0876449}{1.191123}$$

$$= 1000 \times 0.0735817 = 73.5817 \text{（萬元）}$$

總計付息額為

$$73.5817 \times 20 - 1000$$

$$= 1471.634 - 1000$$

$$= 471.634 \text{（萬元）}$$

計算公式(3)

此公式與計算公式(2)相同

釋例 3

假設一筆中期出口融資基本金 1000 萬元，分 10 年 20 次歸還，每半年償還
一次，年利率為 8%，每次還本加付息是等額的，請問每次還本及付息各多
少數額？

$$M = \frac{\frac{i}{2}(1 + \frac{i}{2})^N}{(1 + \frac{i}{2})^N - 1} \times A$$

$$M = 1000 \times \frac{0.04(1 + 0.04)^{20}}{(1 + 0.04)^{20} - 1}$$

$$= 73.5817$$

$$1000 \times \frac{1}{20} = 50$$

(1)每次還本金$50 萬元

(2)每次還利息 73.5817 萬元 － $50 萬元

$$= 23.5817 萬元$$

五、賣方融資之作業程序

　　第一、出口商以賒銷方式向進口商出售設備，除了若干百分比（5%）須在簽約時付清，另外若干百分比（10%）須於取得貨物單據時付款外，其餘（85%）由出口商開出之多張匯票經開狀行承兌後，還給出口商。

　　第二、出口商以貨運單據連同已承兌之匯票向其所在地申請融資，貸款銀行則根據出口商之要求，對不同到期日之承兌匯票以出口融資利率貼現後，將遠期承兌匯票買進。其中屬於出口保險承保金額範圍內的款項，在銀行貼現後不得向賣方追索。

　　第三、進口商隨同利息延期分批償還出口商貨款後，出口商再用以償還從出口方銀行取得的貨款。

　　另外，進口商還須事先提交銀行出具的還款擔保信用狀，擔保如進口商承兌的各匯票到期不付款，由擔保銀行負責償還。

六、賣方融資之作業流程圖

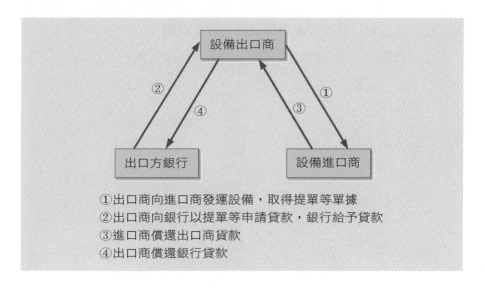

①出口商向進口商發運設備，取得提單等單據
②出口商向銀行以提單等申請貸款，銀行給予貸款
③進口商償還出口商貨款
④出口商償還銀行貸款

圖 24-1

七、賣方融資對進口商之利弊

有利之點——進口商可以集中精力與出口商談進口商品的價格利率等條件，毋須擔心進口資金的來源問題，因為是分期償付。

不利之點——出口商在報價時，往往會把出口融資所發生的費用以及匯率風險都加入貨價內，而這些費用到底多少，出口商並未告知進口商，進口商不可能了解該商品的真實貨價，因而不利爭取有利的成交條件。

八、賣方融資對出口商的利弊

　　有利之點——出口商可以把融資費用，匯價風險加在貨價上轉嫁給進口商，甚至可以藉此提高貨價獲得更多的利潤。

　　不利之點——進口商到時可能無法按期歸還貨款。

申論題

1.　何謂中長期出口融資？

2.　中長期出口融資有哪些特點？

海外共同基金

International Exchange

一、共同基金的定義

共同基金就是匯集小額投資人的錢,交給專家去操作管理使資金不斷擴大,收益則歸原投資人所有的一種投資工具。

共同基金的投資標的很多,例如:股票、債券、短期票券、不動產、股價指數、期貨、選擇權,甚至黃金。

二、共同基金的好處

共同基金的好處在於可解決小額投資人經常面臨的問題——時間、金錢與專業投資知識無法同時具備。投資人只要有極小的金額就可以參與投資。基金本身資金大,可以從事分散投資,風險較低。共同基金流動性甚高,隨時都可以買賣。

三、共同基金的種類

共同基金依構成方式區分為開放型(Open-end)基金和封閉型(Closed-end)基金兩類。

開放型基金隨時對大眾開放發行的持份總數不固定,投資人向基金經理公司購買持份時,總持份就增加,投資人賣回持份,總持份就減少。

封閉型基金發行在外的持份是固定的,發行期滿後基金就封閉起來,總持份不再增減,並在證券交易所(或店頭市場)上市,隨後投資人要買賣基金持份,就須透過證券經紀商在交易市場買賣,差不多就像普通股票之交易。

四、海外共同基金

海外共同基金是指投資標的在海外的共同基金，例如：投資在美國股市的基金就是美國股票型資金，投資在歐洲債市的基金就是歐洲債券型基金。不論是國內基金或海外基金其運作原則都相同，只是投資區域一個在國內，一個在國外。

五、海外基金與國內基金之不同處

海外基金與國內基金有二個相異之處：

1.計價幣別不同

海外基金是以外幣計價，國內基金是以台幣計價。海外基金根據計價幣別的不同，又可分為海外發行，以外幣計價的海外基金；以及以新台幣計價，在台灣發行的海外基金兩種。以新台幣計價的海外基金只是方便投資人注意基金淨值變化，但是匯率風險仍須考量。

2.投資市場不同

國內基金是以投資國內市場為主，海外基金則以投資海外市場為主。

六、投資海外基金之風險

投資海外基金之風險，可從兩方面來看：

(一)基金本身的安全機制

基金商品本身設計就顧慮到安全，所以將投資管理與基金管理分成兩部分，基金公司負責投資管理，而基金的錢及所投資的證券則由保管

銀行管理，設立獨立的專戶並有會計師定期查核。而基金公司也需根據各國主管機關的規定，定期向投資人報告投資狀況及相關資訊，不論是基金公司或保管銀行出問題時，投資人的這筆錢都不會被侵吞，將由主管機關委託其他業者接手，盡量保障投資人的權益，所以共同基金在安全機制上有很完整的保障。

(二)基金的投資標的

另外一項基金的風險就與基金所投資的標的有密切關係。如果基金屬性波動風險較高，那麼投資風險也會很高。

下表是依風險高低列出海外基金的產品別。

表 25-1

基金類別	風險排序
認股權證基金	1
避險基金	2
單一產業基金	3
單一國家基金	4
小型股基金	5
公司債基金	6
區域型基金	7
全球型基金	8
公債基金	9
貨幣基金	10

注：1 為最高風險以下類推。

(三)匯率風險

當基金須贖回，將外幣折算新台幣有匯率風險。

七、海外基金的種類

海外基金的最大特色之一就是種類繁多，其主要種類有：

㈠按照投資地區分

(1)全球型基金

(2)區域型基金

(3)單一國家型基金

㈡按照投資風險

(1)積極成長型基金

(2)成長型基金

(3)平衡型基金

(4)收入和保本型基金

㈢按照投資標的區分

(1)股票型基金

(2)債券型基金

(3)貨幣型基金

(4)基金中的基金

㈣以投資的產業區分

(1)科技型基金

(2)健康醫療型基金

(3)黃金基金

(4)生化基金

申論題

1. 何謂共同基金？

2. 何謂海外共同基金？

3. 何謂封閉型基金？

4. 投資海外共同基金有哪些風險？

25

公司債

海外可轉換

International Exchange

一、債券的定義

債券事實上即一張借據，持有人將資金貸予政府或公司賺取利息，債券是可轉讓的借據。

在台灣短期債券（債務證券）稱之為票券。票券的期限不滿一年。票券包括：①可轉讓定期存單，②商業本票，③銀行承兌匯票，④國庫券。

債券會書明借款條件，債券亦會表明：①利率，②到期日，③債券之面值。債券之期限有一年至十年的中期債券，及十年至三十年的長期債券。

二、債券的種類

債券若以發行單位做為分類依據，可分為：①政府債券，②公司債券，③金融債券。

1.政府債券

政府發行的債券稱為政府債券，政府發行之債券依長短期劃分，可分為國庫券及公債。國庫券如上所述為貨幣市場工具。公債的到期日分二年、四年、五年和七年四種。本金償還分到期一次還本和分期償還兩種。

2.公司債

企業發行的債券稱為公司債。可轉換公司債其性質和一般公司債相同，只是債券附加了能以特定比例或價格轉換成發行公司之普通股股票之條件。

3.金融債券

金融債券為金融機構發行之債券。原來規定只有專業銀行才能發行

金融債券，目前一般商業銀行只要經過核准，亦可發行金融債券。

三、海外可轉換公司債之意義

　　海外可轉換公司債（Euro Convertible Bonds, ECB）為企業自海外籌集資金的方式之一。到海外發行可轉換公司債除了可享受海外的利低率籌資成本外，亦可提高公司在海外的知名度，同時也提供外國投資台灣股市的管道。不過，企業發行海外可轉換公司債面臨匯率風險，萬一該可轉換公司債所屬幣值升值，企業將提列匯兌損失；反之，若該可轉換公司債所屬幣值貶值。企業將提列匯兌收益。企業發行海外可轉換公司債須考慮發行可轉換公司債的幣別，應以企業本身具有該幣別收入來源為優先，以避免匯率風險。投資人亦面臨台幣對債券幣別升值之風險。

四、海外可轉換公司債的發行條件

　　海外可轉換公司債的發行條件類似一般可轉換公司債（Convertible Bond），以下為某高科技公司所發行之海外可轉換公司債的發行條件及重要項目。

表 26-1

發行總額	1.75 億美金
面額	美金 1,000 元
最小參與金額	10 萬美金
發行價格	100%（平價發行）
贖回價格	100%（以面值贖回）（5/24/2006）
到期日	2006 年 5 月 24 日
票面利率	0%
擔保	無擔保

轉換價格	新台幣 24.70
轉換匯率	NTD32.933
轉換期間	5/31/2001 起
轉換次數	一年四次
掛牌地點	盧森堡

五、投資海外可轉換公司債之風險

投資海外可轉換公司債有下述風險：

1. 信用風險

發行公司倒閉。

2. 流動性風險

海外可轉換公司債流動性小於股票。

3. 利率風險

市場利率上揚，債券價格下跌。

4. 匯率風險

新台幣相對之債券幣別升值時，會有匯兌損失。

申論題

1. 何謂可轉換公司債？

2. 何謂海外可轉換公司債？

3. 海外可轉換公司債有哪些風險？

Chapter 26

外匯選擇權

International Exchange

一、選擇權的定義

選擇權的最簡單的定義係指買賣契約中,規定買賣雙方之一可以從許多事項中選擇其中的一項權利(Options),若買方擁有此項權利,稱為買方選擇權(Buyer's Option);若賣方擁有此項權利,稱為賣方選擇權(Seller's Option)。也就是說契約之當事人想要一種買進或賣出特定商品的權利,打算等市場狀況對自己有利時再執行這種權利。選擇權契約的基本特性即是賦予這種權利。

總而言之,選擇權合約是賦予特定對象在契約中所訂之到期日之前,或到期日當天,以約定之價格執行買進或賣出特定商品的權利,但不負應買或應賣之義務。

二、選擇權之買權及賣權中買賣雙方之權利義務

選擇權之買權及賣權中,買賣雙方之權利義務,如圖 27-1:

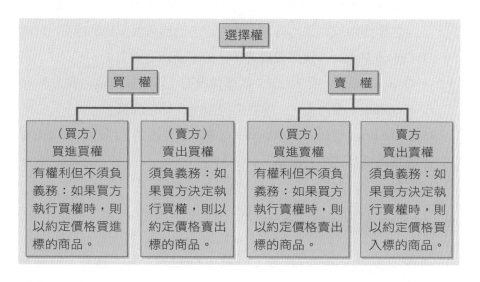

圖 **27-1**

　　故買權或賣權之賣方風險很大，因為他有義務以約定價格買入或賣出標的商品。

　　總之買權或賣權之買方：

　　(1)要支付權利金。

　　(2)有權決定執行買進或賣出之權利。

　　※在大部分交易所不須付保證金。

　　而買權或賣權之賣方：

　　(1)可收取權利金。

　　(2)負有賣出或買入標的商品的義務。

　　※大部分場合須付保證金。

三、選擇權之基本術語

　　(1) Call Option：買入選擇權──有權選擇買入標的商品；有權於約
　　　　定之期間內或約定之日期，依約定之價格，買入標的商品。

　　(2) Put Option：賣出選擇權──有權選擇賣出標的商品；有權在約
　　　　定之期間內或約定之日期，依約定之價格，賣出標的商品。

　　(3) Option Holder：選擇權買方（買權或賣權之買方）。

　　(4) Option Grantor 或 Writer：選擇權賣方（買權或賣權之賣方）。

　　(5) Premium：權利金──購買選擇權所支付之價格。

　　(6) Strike Price 或 Exercise Price──選擇權契約中，所約定買入或賣
　　　　出標的商品之成交價格。

四、外幣買賣選擇權之意義

　　外幣買賣選擇權（Foreign Currency Options）為一種外幣買賣契
約；在此契約下，買方於支付買賣權利金（Premium）予賣方後，得自

契約成立起，至預先約定未來某一時日前，以事先約定之履約價格
（Strike Price），隨時要求賣方買入或賣出定量之某種外幣。此種契約
可能由於買方至到期日時，發現仍無要求履約之實益，致放棄行使權利
而自動失效。

〔註〕：另有次級市場買方可隨時將其選擇權契約予以拋售，而僅賺取權利金之差
　　　價，或收回部分權利金。

五、外幣買賣選擇權之種類

外幣買賣選擇權，大致有二類：

(一)美式選擇權

自契約成立之日起，至約定之未來某一時日前，買方得在此期間
內，以事先約定之履約價格，隨時要求賣方買入或賣出一定數量之特定
外幣。

(二)歐式選擇權

買方於到期日前不得隨時行使選擇權，僅能於到期日時要求賣方履
約。

六、外幣買賣選擇權釋例

(一)買方買進買權（Call Options）

買方自契約成立之日起，至預先約定之未來某一時日前，以預先約
定之履約價格，向賣方買入一定數量之某一種外幣。

釋例 1

⑴假定甲乙雙方約定：甲方於 90 年 6 月 15 日前，有權以 1DM＝US$0.40 之價格，買入 100 萬馬克。甲方於 90 年 3 月 15 日付給乙方權利金 US$10,000，若 90 年 6 月 15 日馬克之即期價格為 1DM＝US$0.43，甲方要求履約，甲方可獲利多少？

$$(\$0.43 - \$0.40) \times 1{,}000{,}000 - US\$10{,}000 \text{（權利金）}$$

$$= \$0.03 \times 1{,}000{,}000 - US\$10{,}000$$

$$= US\$30{,}000 - US\$10{,}000$$

$$= US\$20{,}000$$

平均 1 馬克賺$0.02。

⑵損益兩平點之計算

甲方損益兩平點之匯價為$0.41，其計算方式如下：

$$(x - \$0.40) \times 1{,}000{,}000 = \$10{,}000$$

$$1{,}000{,}000x - \$400{,}000 = \$10{,}000$$

$$1{,}000{,}000x = \$410{,}000$$

$$x = \$0.41$$

⑶買賣雙方在不同價格下之損益圖如何？

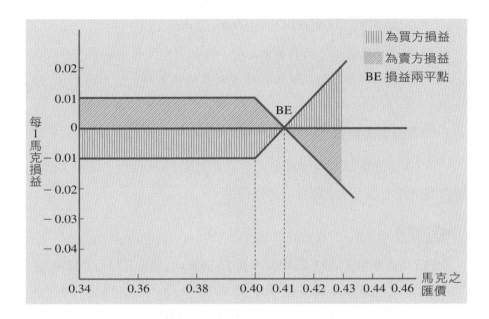

若以履約價$0.40 買馬克,則甲方之損失為

($0.40 − $0.40) × 1,000,000 − US$10,000(權利金)

= − $10,000

相當於每一馬克損失$0.01(− $10.000 ÷ 1,000,000)

若馬克之即期價為$0.405,則甲方之損失縮小

($0.405 − $0.40) × 1,000,000 − US$10,000

= $5,000 − US$10,000 = − US$5,000

相當於 1 馬克損失$0.005(− $5,000 ÷ 1,000,000 = − $0.005)

①當馬克之即期價格為$0.40 或小於$0.40 時,買方不會執行馬
克之買權。放棄買權之結果為買方損失$10,000 之權利金,
反之賣方賺得$10,000 之權利金。

假如甲方預期馬克會下跌到$0.412,他可以在次級市場中以
$12,000 之權利金拋售此選擇權,而賺取差價$2000。

($0.412 − $0.40) × 1,000,000 − $10,000

$= (\$0.012 \times 1,000,000) - \$10,000 = \$2,000$

② 甲方如預期馬克仍將持續上揚,則甲可繼續持有該選擇權契
約,以便屆期要求履約而在即期市場獲取較大之利益。

(二)買方買進賣權(Put Options)

買方可自契約成立起至預先約定之未來某一時日前,以預先約定之
履約價格售予賣方一定數量之某種外幣。

> **釋例 2**
>
> (1)假定甲乙雙方約定甲方於 90 年 6 月 15 日前,有權以 1DM＝US$0.40 之
> 履約價格售予 100 萬馬克,甲方於 90 年 3 月 15 日付予乙方權利金
> US$10,000,若 90 年 6 月 15 日馬克之即期價格為 1DM＝US$0.36 時,
> 甲方要求履約,甲方可獲利多少?

$(US\$0.40 - US\$0.36) \times 1,000,000 - US\$10,000$

$= US\$0.04 \times 1,000,000 - US\$10,000$

$= US\$40,000 - US\$10,000$

$= US\$30,000$

平均 1 馬克賺 $0.03

(2)損益兩平點之計算

$(0.40 - x) \times 1,000,000 = \$10,000$

$400,000 - 1,000,000x = \$10,000$

$1,000,000x = \$390,000$

$x = \$0.39$

甲方損益兩平點之匯價為 $0.39

⑶買賣雙方在不同價格下之損益圖為何？

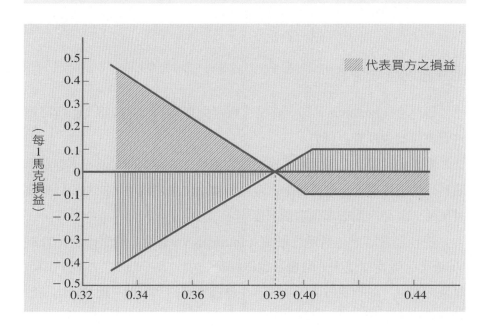

若以履約價$0.40 賣馬克，則甲方之損失為

($0.40 − $0.40) × 1,000,000 − US$10,000（權利金）

= − $10,000 相當於每 1 馬克損失$0.01（− $10,000 ÷ 1,000,000）

若馬克之即期價為$0.395，則甲方之損失縮小為

($0.40 − $0.395) × $1,000,000 − US$10,000

= US$5,000 − US$10,000

= − US$5,000

①當馬克即期價格大於 US$0.39 而小於 US$0.40 時，買方有履
約實益，其損失額逐漸擴大至每 1 馬克損失 US$0.01。

②當馬克之即期價格等於或大於 US$0.40 時，則買方顯然無履
約實益，此時甲方損失 US$10,000，乙方獲利 US$10,000，即
權利金部分。

③當馬克即期價格大於 US$0.39 時，買方有履約實益，其利潤
自損益兩平點不斷地擴大，而賣方之損失亦由損益兩平點不
斷地擴大。

七、權利金之意義

權利金（Premium）即「外幣買賣選擇權契約」之價格，由選擇權
之買方付給選擇權之賣方。

賣方此項訂價之考慮除了根據履約價格、即遠期匯率及利率等基本
資料，尚須根據過去幣值變動之資料及預測未來之趨勢，認為足以補償
其風險，同時參酌市場供需情形而定。

權利金實際上包括隱含價值（Intrinsic Value）及時間價值（Time
Value）。隱含價值即外幣買賣選擇權契約中，某一時點立即履約即可
實現之利益。而時間價值則為買方在選擇權契約到期前，願意付出高於
隱含價值之金額。

只有當買入選擇權其外幣即期價格高於履約價格，或當賣出選擇權
其即期價格低於其履約價格時才有隱含價值可言；再者，選擇權如果沒
有隱含價值存在，則權利金僅代表時間價值而已。

以下為舉例說明上述之情形：

例一

假定 DM36 Dec Call 權利金為 US$0.0062/DM 目前馬克之即期價格
為 US$0.3442/DM，由於履約價格為 US$0.36 較即期價格為高，無履約
實益，故無隱含價值可言，整個權利金 US$0.0062 均屬時間價值

例二

假定 DM34 Dec Call 權利金為 US$0.0089/DM 目前馬克之即期價格
為 UUS$0.3442/DM 而履約價格為 US$0.034，則隱含價值與時間價值分
別為：

Intrinsic Value = Spot Rate − Strike Rate

$\qquad$ = US\$0.03442 − US\$0.034

$\qquad$ = US\$0.0042

Time Value = Premium − Intrinsic Value

$\qquad$ = US\$0.0089 − US\$0.0042

$\qquad$ = US\$0.0047

八、權利金之決定因素

權利金之決定因素有五：

(1)該外幣在即期市場上之價格。

(2)距離到期時間之長短。

(3)該外幣價格之穩定性。

(4)履約價格之高低。

(5)遠期外匯匯率及本國利率之高低。

註：以第五個因素而言，就「買入選擇權」來說，其「權利金」必定大於或等於「該外幣遠期匯率與履約價格之差」以現行利率還原後之現值。

$$權利金 \geq （遠期匯率 - 履約價格）／(1 + 利率)^{年數(t)}$$
$$C(E) \qquad\quad F \qquad\quad E \qquad\qquad r$$

如權利金 <（遠期匯率 - 履約價格）／$(1 + 利率)^{年數(t)}$

$$F \qquad\quad E \qquad\qquad r$$

則人們將可以 C(E)購買一個 Call Option，並屆期要求以價格 E 履約，再以遠期匯率 F 出售，而獲取利益。如此套利之結果將驅高權利金，而使得 C(E)至少等於$(F - E)/(1 + r)^t$。

由上述式子可知，就買入選擇權而言，遠期匯率愈高權利金愈高，

而利率愈高,權利金愈低。

九、履約價格之選定

　　各種外幣即期市場價格為選定履約價格之主要參考指標,履約價格可能高於即期價格,亦可能低於即期價格。

　　履約價格之選定與該外幣之即期價格相比較,可分為:

　　㈠兩平情況(At the money)

　　即履約價格與該外幣之即期價格相同或相近,因而對買方而言履約與否無關緊要。

　　㈡買方願意履約情況(In the money)

　　即「買入選擇權」之履約價格低於該外幣之即期價格,或「賣出選擇權」之履約價格高於該外幣之即期價格,而買方願意履約之情況。

　　㈢買方不願意履約之情況(Out of the money)

　　即「買入選擇權」之履約價格高於該外幣之即期價格,或「賣出選擇權」之履約價格較該外幣之即期價格為低,因而買方不願履約而到即期市場去操作的情況。

十、保證金(Margin)之徵取

　　在外幣買賣選擇權交易中,賣方的資信甚為重要,因為買方於繳交權利金後,契約之能否順利完成,端視賣方屆期履約之能力,故一般經紀商均酌情向賣方預先徵取保證金,以便當市場逆向轉變而賣方無力履約時,能獲得充分補償。

保證金不得以外幣繳納。

保證金計算公式又因履約價格選定方式的不同，而分為二種：

⑴在 At or In the Money 時，

　權利金 × 130%＋US$750

　（惟保證金最高不超過權利金＋$2,500）

⑵在 Out of the Money 時，

　權利金 × 130%＋US$750 － out of the money amount

　（惟保證金最低為權利金 × 130%＋US$250）

註：*out of the money amount* 即該契約之履約價格與即期價格之差 × 契約單位

※以上為費城股票交易所外幣選擇權經紀商計算保證金常用之公式，惟各經紀商所採取之公式，常隨賣方之不同而異，並非一成不變。

申論題

1. 何謂選擇權？

2. 何謂外幣買賣選擇權？

3. 何謂權利金？

4. 權利金之決定因素為何？

Chapter 27

換匯交易

International Exchange

一、換匯交易的定義

換匯交易（Swap Transaction）為一段期間內兩種貨幣的交換。客戶與銀行簽定換匯契約同意按即期價格買入（賣出）一筆外匯之同時，於約定之未來日期按遠期價格賣回（買回）該筆外匯。在外匯市場上換匯交易被定義為同時買入及賣出等額的同一貨幣，惟交割日不同的外匯操作。

以圖 28-1 為例：

(1)甲銀行於 13/10/2000 以匯率 VND14,300 賣出 USD170,000 予乙客戶，同時買回 VND2,431,000,000

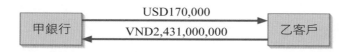

(2) 甲 銀 行 於 15/12/2000 以 匯 率 VND14.280 向 乙 客 戶 買 入 USD170,000，同時賣出 VND2,427,600,000

圖 28-1

二、換匯價格

指兩種貨幣交換的價格，亦即期初交換價格與期末交換價格之差。

以圖 28-1 為例，換匯匯率為貼水（Discount）VND20（遠期外匯所

需支付的 VND 比即期少）；反之則為升水（Premium）也就是美金之利率，此時高於越盾的利率。

三、換匯匯率之計算

換匯匯之計算可由兩種貨幣的利率差異算得，仍依圖 28-1 為例。假設美金利率為 6.75%，越盾利率 5.95%。

換匯匯率之計算如下：

$$VND14,300 \times (6.75\% - 5.95\%) \times \frac{63}{360} = VND20.02 （近似值）$$

63 = 13/10 至 15/12 的天數

故換匯匯率為 VND14,300 − VND20 = VND14280

四、運用時機

(1)客戶以所握有之外幣透過換匯融通台幣營運資金之需求，同時規避掉匯率風險。

(2)客戶以所握有之台幣資金透過換匯取得外幣，以進行外幣投資。

五、換匯期間

換匯期間：短則一週，長則一年。

六、換匯條件

(1)最小交易金額，原則為：25 萬美元。

(2)國內法人無須提供交易證明文件。

⑶交易完成需簽定交易契約。

⑷可申請提前交割或到期展延。

七、換匯交易之特性

⑴換匯交易本質上屬於交換的交易。包括即期交易及遠期交易，屬
於買斷或賣斷交易（Outright Transaction）。

⑵換匯交易不會創造外匯部位，而每一筆即期與遠期外匯交易，必
然會產生外匯部位。

⑶換匯交易並無匯率風險，惟換匯交易因創造資金流動缺口，故有
利率風險。而即期與遠期交易因創造外匯部位，故產生匯率風
險。

⑷換匯匯率是本國貨幣與外國貨幣的交換價格，價格決定較為客觀
（以兩種資金的運用成本為基礎）。即期與遠期匯率是外國貨幣
的買賣價格，價格決定較為主觀（受預期心理因素影響較大）。

八、換匯交易之風險

換匯交易雖無匯率風險，但仍有信用風險之存在，例如：客戶到期
不履行換匯之契約。

九、換匯交易之功能

⑴靈活資金之調度。

⑵消弭匯率及利率風險。

⑶增加遠期外匯之流動性。

⑷投機性之操作。

申論題

1. 何謂換匯交易？

2. 換匯匯率是如何計算？

3. 換匯交易有哪些特性？

Chapter 28

海外存託憑證

International Exchange

一、存託憑證的定義

存託憑證（Depository Receipt），簡稱為 DR，從英文字面可以看出其性質為股票保管收據。其最早形成於 1920 年代的美國，形成原因為當時許多金融機構受限制，不得直接投資或購買外國證券，但存託憑證則被視為國內證券，提供美國人投資國外證券之機會。

二、海外存託憑證之形成條件

海外存託憑證之形成條件須有：

(1)國內的上市發行公司。

(2)國外的保管機構（Custodian Bank）。

(3)國外的存託銀行（Depository Bank）。

(4)國外的承銷商。

(5)國外的掛牌交易所。

(6)國外的投資人。

三、海外存託憑證的發行目的

海外存託憑證的發行目的是替公司募集海外資金。

四、海外存託憑證的種類

(1)美國存託憑證（ADR）──此為在美國發行的存託憑證。

(2)國際存託憑證（International DR）──此為在美國以外地區發行的存託憑證。

(3)全球存託憑證（Global DR）——此為包括美國市場在內所發行
的存託憑證。

五、存託憑證的權利

(1)存託憑證和普通股一樣，可以主張股息紅利和剩餘財產之分配。
(2)投票權之行使，則與普通股有異。

六、存託憑證之結構

海外存託憑證由三個契約所組成：

(1)發行公司與存託機構間的存託契約

　　主要內容為存託憑證的格式。讓渡、出售、解約、股利發送方式
　　及增資手續。

(2)存託機構與保管機構間的保管契約

　　主要約定股票保管，存託憑證解約時，原股票交付股利發送及各
　　項通知之規範。

(3)發行公司與承銷商的承銷契約

　　約定承銷之權利、義務及指名掛牌交易所的名稱。

海外存託憑證的發行，其中發行公司及保管機構在國內，存託機構
及承銷商則在國外。存託及保管機構大多由銀行擔任，而且兩銀行通常
具有聯屬關係。

申論題

1. 何謂存託憑證？
2. 海外存託憑證發行的目的為何？
3. 海外存託憑證有哪些種類？

國際清算工具

International Exchange

　　跨國交易一定會產生債權債務的關係，要透過清算程序（settlement）才能銀貨兩訖完成交易。故跨國交易沒有清算工具礙難完成。跨國交易之清算工具很多，主要有外幣現鈔、外幣支票、旅行支票、銀行匯款、信用狀、保證函及託收。

　　以下將若干重要的清算工具，分別說明如下：

一、匯款（Remittance）

　　匯款係銀行接受客戶的委託，將款項透過轉匯銀行或解付銀行轉交給收款人的清算方式。

　　匯款的方法大致有以下數種：

　　1.信匯（Mail Transfer, M/T）

　　信匯是匯款銀行應匯款申請人的要求，將付款委託書郵寄給付款銀行，委託其將款項付給收款人的一種匯款方式。

　　2.電匯（Telegraphic Transfer, T/T）

　　電匯是匯款行應匯款申請人的要求，以 SWIFT 或電報方式通知付款行，委託其把款項付給收款人的一種匯款方式。

　　3.票匯（Demand Draft, D/D）

　　票匯是匯款行應匯款人的要求，開立一張有指定付款行的匯票給匯款人，由匯款人交給收款人，憑此匯票領取款項的匯款方式。

　　4.旅行信用狀（Traveller's Letter of Credit）

　　是指由匯款行（開狀行）開出一份信用狀交付旅行者攜帶，旅行者憑此信用狀到付款銀行取款，以支付旅費、雜費等的匯款方式。

二、信用狀（Letter of Credit）

　　信用狀是開狀銀行根據申請人的要求，向受益人開出一定金額，在

有效期內，憑規定單據付款的書面保證。信用狀為國際交易中使用最頻繁，也是較複雜的清算工具。我們在下一章將進一步加以詳述。

三、保證函

為完成跨國交易，銀行有時會應客戶的要求提供保證之功能，以便利雙方交易之進行。所提供擔保之形式，就是出具銀行保證書（Bank Letter of Guarantee），也就是平常所說的保證函，簡稱 L/G。

保證函是銀行應申請人之要求向受益人簽發，保證因申請人之負債、違約，而對受益人負責的書面擔保文件。

保證函大致有以下數種：

(1)履約保證函（Performance Bond）

(2)投標保證函（Bid Bond）

(3)退還預付款保證函（Advance Payment Guarantee）

(4)品質維修保證函（Maintenance Guarantee）

(5)關稅保付保證函（Duty Bond）

(6)透支保證函（Overdraft Guarantee）

(7)保留金保證函（Retention Money Guarantee）

(8)付款保證函（Payment Guarantee）

(9)延期付款保證函（Deferred Payment Guarantee）

(10)借款保證函（Loan Guarantee）

(11)提單保證函（Bill of Lading Guarantee）

(12)補償貿易保證函（L/G Opened for Compensation Trade）

(13)匯票保證函（Bill of Exchange Guarantee）

(14)法律費用保證函（Legal Costs Guarantee）

(15)備用信用狀（Stand-by L/C）

四、託收（Collection）

託收是出口商向國外進口商收取貨款或勞務價款，開具匯票或把取得的貨運單據交給出口地銀行，委託其透過在進口地的代理行向進口商收款的清算方式。

託收的種類有二種，如下述：

1. 光票託收（Clean Bill for Collection）

2. 跟單託收（Documentary Bill for Collection）

跟單託收依據付款條件又分為二類：

⑴付款交單（Documents Against Payment, 簡稱 D/P）

⑵承兌交單（Documents Against Acceptance, 簡稱 D/A）

申論題

1. 跨國交易有哪些主要的清算工具？

2. 何謂保證函？

3. 何謂匯票？

4. 何謂託收？

30

信用狀

International Exchange

一、前言

隨著自由化、國際化及企業規模之擴大，信用狀在國際貿易所扮演的角色已無先前之分量，然而迄今國際貿易尚須其功能，在某種程度仍須信用狀才能竟其功。外匯業務中，信用狀仍不可缺，須加以完整了解。

二、信用狀的定義及性質

信用狀主要是用來做進口貨物的清算工具。

信用狀係進口商的銀行對出口商支付貨款的保證書，保證當出口商提出符合信用狀條款的文件，即可獲得開狀銀行支付貨款。

進口商向其銀行申請開立信用狀，以開證銀行為付款人支付進口商所購貨物的貨款。信用狀透過出口商所在地的通知銀行或保兌銀行通知給出口商。

在信用狀交易下，出口商（受益人）要在規定的期限內，透過通知銀行或保兌銀行，提示符合信用狀所定條款的文件，以取得信用狀下的付款。

通知銀行或保兌銀行於所提示文件未符信用狀規定的條款時，得拒絕付款。如果提示文件符合信用狀規定的條款，則通知銀行或保兌銀行會付款給出口商。

假若信用狀為即期信用狀，出口商馬上可獲得付款。如為遠期信用狀可獲得承兌，押匯銀行同意時可獲得貼現。如為延期付款信用狀，則可於未來特定日期可獲得付款。

跟單信用狀處理的是單據，而非信用狀相關之貨品或勞務。出口商不須等待進口商支付貨款，而是可於提示L/C所規定的單據時，即可獲

得付款,或於未來特定的日期獲得付款。

　　總之,銀行開立信用狀,事實上是以其自身之信用替代買方(進口商)的信用,這點認識在從事信用狀交易時是很重要的。

三、進出口交易之流程

　　進出口交易之流程,如圖 31-1:

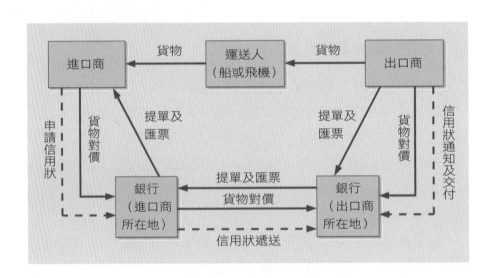

圖 31-1

四、進出口交易的四個議題

　　進出口交易的四個關鍵問題為:

　　(1)進口商是否會依約付款?

　　(2)出口商是否能順利取貨?

　　(3)外匯的來源及穩定性是否有問題?

(4)交易雙方的政府其政治穩定性是否有問題？

五、信用狀的功能

信用狀最大的功能是可以做到收到貨物才付款。在信用狀交易下，提單即貨物所有權狀。對出口商而言，他可以放心交貨，就可以取得貨物的價款。透過銀行信用的介入，跨國交易得以順利地完成。

六、信用狀的關係人

凡參與信用狀交易的有關各方，稱之為信用狀的關係人。

信用狀的主要關係人有：①信用狀申請人，②開狀銀行，③受益人，④通知銀行，⑤押匯銀行，⑥付款銀行，⑦保兌銀行，⑧償付銀行。茲將八個關係的性質簡述如下：

1.信用狀申請人

所謂信用狀申請人（Applicant）係向銀行申請開立信用狀的人。信用狀申請人通常為進口商（Importer）。

2.開證行

所謂開證行（Issuing Bank）係指依照信用狀申請人的指示和要求，而開立信用狀的銀行，通常為進口商的往來銀行。

3.受益人

所謂受益人（Beneficiary）是指信用狀所指定有權使用或享受信用狀利益的人，亦即在履行信用狀所規定的條件後，有權向開證行或其指定的其他付款銀行索取款項的人。

4.通知銀行

所謂通知銀行（Advising Bank）係指受開證銀行的委託，將信用狀通知受益人的銀行。

5.押匯銀行

所謂押匯銀行（Negotiating Bank）是指根據信用狀開證銀行的付款保證，應受益人的請求承購或貼現受益人依據信用狀所開具的匯票，取得符合信用狀規定單據的銀行。

6.付款銀行

所謂付款銀行（Paying Bank 或 Drawee Bank）是指信用狀指定對受益人或匯票的合法執票人（例如：押匯銀行）辦理付款、承兌或延期付款的銀行。付款銀行通常就是開證銀行，也可以是接受開證銀行委託代為付款的另一家銀行——代付銀行。

在特別的安排下，有時還有其他關係人參與信用狀交易，例如：

7.保兌銀行

所謂保兌銀行（Confirming Bank）是指接受開狀銀行的委託，對開狀銀行所開出之信用狀附加保證兌付條款的銀行。

8.償付銀行

所謂償付銀行（Reimbursing Bank）也稱清算銀行（Clearing Bank），是指受開狀銀行的委託，代開狀銀行受理押匯銀行付款求償的銀行。

七、國際貿易的四個契約

完成一項進出口交易，至少會涉及四個契約，這四個契約為：①出口銷售契約，②運送契約，③保險契約，④財務契約。

八、出口銷售契約

一份銷售契約，事實上即是進出口商針對一筆進出口交易其貿易條件（Terms of Trade）的契約化。只有當進出口雙方能接受交易條件時，

進出口交易才能成立。在國際貿易中,國際商會(International Chamber of Commerce)就不同的交易型態做成標準化的國貿條規(International Commercial Terms),簡稱 INCOTERMS。目前之版本為 INCOTERMS 2000。

每一種貿易條件均包含三個基本元素:

(1)商品所有權由出口商轉移給進口商之時點。

(2)費用之歸屬。哪些費用歸出口商負擔,哪些費用歸進口商負擔。

(3)貨物本身支付給進口商的時點。

最常使用的交易條件有三種:

(1) FOB(Free on Board …… named port of shipment)船上交貨條件
(……指定裝運港)。

(2) CFR(Cost and Freight …… named port of destination)運費在內
價條件(……指定目的港)。

(3) CIF(Cost Insurance and Freight……named port of destination)運
保費在內條件(……指定目的港)。

在船上交貨條件下(FOB),賣方須將貨物運至銷售契約指定港口之船上。當貨物過船舷後,貨物的毀損或滅失由賣方轉移給買方。買方須支付運費及保險費。

在運費在內價條件下(CFR),賣方須負擔將貨物運送至指定的目的港。當貨物過船舷後,貨物的毀損或滅失由賣方轉移給買方。賣方須加付運費,買方須付保險費。

在運保費在內條件下(CIF),賣方除負擔以運費在內價條件下的責任外,賣方須另再支付保險費。

目前國貿條規計有十三種貿易條件其細節均載於國貿條規之內。

九、運送契約

國際貿易中，最重要的運送契約是海運提單及空運提單。

1.海運提單

簡言之為裝載於船上的貨物收據，由依約承載貨物之人或其代理所簽發，載明將貨物運交進口商之條件。

海運提單為進出口商所訂銷貨契約執行證據之一。它為貨物的所有權狀。

提單具備下述的特點：

(1)待運貨物的收據。

(2)它是運送契約。

(3)它是可轉讓的文件。

(4)它是貨物的所有權狀。

海運提單以不同的性質，加以分類如下：

(1)已裝船提單（Shipped B/L 或 On Board B/L）和備運提單（Received for Shipment B/L）。

(2)記名提單（Straight B/L）、不記名提單（Open B/L）和指示提單（Order B/L）。

(3)清潔提單（Clean B/L）和不潔提單（Unclean B/L 或 Foul B/L）。

(4)直運提單（Direct B/L）和轉運提單（Transhipment B/L）。

(5)運費預付提單（Freight-Prepaid B/L）和運費待付提單（Freight-Collect B/L）。

(6)全式提單（Long Form B/L）和簡式提單（Short Form B/L）。

2.空運提單（Airway Bill）

貨物如採用航空運輸，則需要辦理複雜的貨運手續，航空公司一般只負責貨物的空中運輸。故託運人常委託空運代理（Air Freight Forwarder）辦理貨物在始發機場交給航空公司之前，從託運人手中接貨、報關和訂艙，以及在目的地機場從航空公司手中接貨、報送和交付等業務。

　　空運代理可以是託運人的代理，也可以是航空公司的代理，甚至兩者兼之。當空運代理作為託運人的代理時，是未經航空公司指定或授權，而將承攬零星的貨物集中至航空公司託運，取得航空運單（Master Airway Bill），並以自身名義向託運人簽發分運單（House Airway Bill），以賺取運費差價，並向託運人收取服務費用。當空運代理作為航空公司的代理是經航空公司授權，代為承攬貨運業務，代為簽航空運單，從航空公司處收取佣金。航空運單一般為一式三份：第一份註明「交承運人」（Original-For the Issuing Carrier），第二份註明「交收貨人」（Original-For the Consignee）與發票包裝單據一起隨貨同行，由航空公司在目的地機場交予收貨人。第三份註明「交託運人」（Original-For the Shipper）由航空公司在收妥貨物後交給託運人，由託運人憑以向銀行辦理出口押匯。航空運單的副本可以多份，由航空公司按規定和需要製發。

　　航空運單是貨物的收據，是運輸的證明，但不代表貨物所有權的憑證，不具有物權證書的效用。貨到目的地機場後，收貨人不是憑航空運單提貨，而是憑航空公司的到貨通知提貨，並在航空單上簽收；因此航空運單不能背書轉讓，其收貨人欄內必須填明收貨人的全稱及詳細地址，而不能做成指示性抬頭。

　　除上述運送單據，其他重要之運送單據尚有：

(1)租船契約提單（Charter Party Bill of Lading）。

(2)不可轉讓海運貨單（Non-Negotiable Sea Waybill）。

(3)複合運送單據（Multimodal Transport Document）。

(4)公路、鐵路或內陸水路運送單據（Road, Rail or Inland Waterway

Transport）。

(5)快遞和郵局收據（Courier and Post Receipts）。

(6)承攬運送人簽發之運送單據（Transport Documents issued by Freight Forwarders）。

十、保險契約

國際貿易貨物運送期間，不管買賣雙方約定採用何種運輸方式，均有發生意外狀況之可能，以致造成貨物之損壞或滅失。為確保貨物之安全，相關當事人會根據貨物之種類投保不同之保險，與保險公司簽定保險契約，而有保險單據之產生。

在國際貿易上較常見貨物運輸之保險種類有：

(1)協會貨物條款 A 款險　　Institute Cargo Clause(A)

(2)協會貨物條款 B 款險　　Institute Cargo Clause(B)

(3)協會貨物條款 C 款險　　Institute Cargo Clause(C)

(4)協會貨物條款戰爭險　　Institute War Clause(Cargo)

(5)協會貨物條款罷工險　　Institute Strike Clause(Cargo)

因應貨物之特性尚有其他種類之保險不在此贅述。保險單據須由保險公司或其代理人所簽發，或由保險人（Underwriter）或其代理人所簽發。

除信用狀另有授權外，如保險單據表明發行之正本超過一份時，所有正本均須提示。

銀行能接受之保險單據為：①保險證明書（Insurance Certificate），②保險公司、保險人或其代理人所預先簽署之統保單（Open Cover）項下之保險聲明書（Declaration），③保險單。

除非信用狀特別授權外，銀行不接受由保險經紀人所簽發之投保通知書（Cover Notes）。

十一、財務契約

任何形式的國際貿易均會涉及債權之要求及債務之清償，也就是清算（Settlement），事實上在國際貿易中，信用狀被用來做為一種清算工具。利用它，出口商可以於履約後，順利取得進口商的貨款。故國際貿易當然存在著財務契約。

十二、法律架構──信用狀的遊戲規則

要能圓滿達成國際貿易之交易，所有關係人均須遵守一套法律規範。信用狀交易的法規規範為國際商會（International Chamber of Commerce，簡稱 ICC）所制定的跟單信用狀統一慣例（Uniform Customs and Practice for Documentary Credits）。其最新修訂，並為大家所遵循者為跟單信用狀統一慣例 1993 年修訂本，簡稱 UCP500。

申論題

1. 進出口交易有哪四個重要議題？

2. 什麼是國際貿易的四個契約？

3. 哪些是信用狀的關係人？

4. 信用狀交易所依循最主要的法規是什麼？

Chapter *31*

國
家
風
險

International Exchange

　　投資海外無論是直接投資或間接擁有外匯資產，均不可免地面臨國家風險。廣義的國家風險是指一國經濟或政治問題對投資人，不論公司或個人，造成財務上的損失。

一、狹義的國家風險

　　狹義的國家風險是將國家風險分成下述二類：

　　第一類：主權風險及移轉風險

　　　　　　主權風險是指某一國沒有履行債務之意願和能力。

　　　　　　移轉風險是指某一國無外匯可供償債。

　　第二類：一般性的國家風險，也可以說是總體層次的國家風險。

二、造成總體層次國家風險的原因

　　造成總體層次國家風險的主要原因為：

　　(1)政治情況不穩。

　　(2)社會動亂。

　　(3)長期經濟表現不佳。

　　(4)極端性意識形態。

　　(5)歧視及財富剝奪性之規章制度。

三、國家風險之分析

　　要減低乃至進一步管理國家風險，必須建立一套務實恰當的國家風險分析模式。這個模式必須包括下述五類資料的研究及評分。這五類資料及評分詳列如下：

　　(1)歷史上的穩定性及一致性（10%）

(2)現行的政治狀況（10%）

(3)現行的社會狀況（10%）

(4)現行的經濟狀況（40%）

(5)現行的信用狀況（30%）

　　評分結果可以估算出某一國家的風險程度。上述模式的優點是主觀及客觀層面均能做某種程度的關照。有了評估模式後，必須對國家風險之程度做一結論，必要時果斷地採取因應措施。

申論題

1. 狹義的國家風險包含哪二類？

2. 造成總體層次國家風險的原因有哪些？

3. 國家風險分析須包括哪五類資料？

國家圖書館出版品預行編目資料

國際匯兌實務／高峰著. -- 初版. -- 臺北市：五
　南圖書出版股份有限公司，2007 [民96]
　面；　公分.
ＩＳＢＮ：978-957-11-4426-9（平裝）

1.國際金融

561　　　　　　　　　　　95013615

1041

國際匯兌實務

作　　者 － 高　峰(192.2)

發 行 人 － 楊榮川

總 經 理 － 楊士清

總 編 輯 － 楊秀麗

副總編輯 － 侯家嵐

責任編輯 － 侯家嵐

封面設設 － 鄭依依

出 版 者 － 五南圖書出版股份有限公司

地　　址：106 台北市大安區和平東路二段 339 號 4 樓

電　　話：(02)2705-5066　傳　　真：(02)2706-610

網　　址：https://www.wunan.com.tw

電子郵件：wunan@wunan.com.tw

劃撥帳號：01068953

戶　　名：五南圖書出版股份有限公司

法律顧問　林勝安律師

出版日期　2007 年 6 月初版一刷
　　　　　2024 年 7 月初版六刷

定　　價　新臺幣 360 元

經典永恆・名著常在

五十週年的獻禮——經典名著文庫

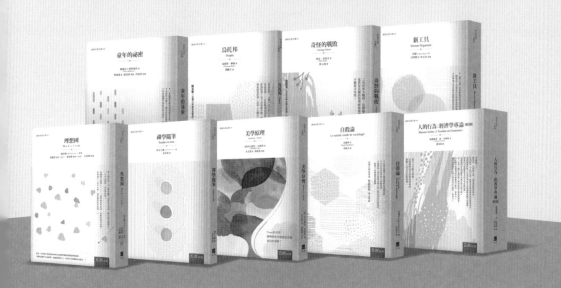

五南，五十年了，半個世紀，人生旅程的一大半，走過來了。

思索著，邁向百年的未來歷程，能為知識界、文化學術界作些什麼？

在速食文化的生態下，有什麼值得讓人雋永品味的？

歷代經典・當今名著，經過時間的洗禮，千錘百鍊，流傳至今，光芒耀人；

不僅使我們能領悟前人的智慧，同時也增深加廣我們思考的深度與視野。

我們決心投入巨資，有計畫的系統梳選，成立「經典名著文庫」，

希望收入古今中外思想性的、充滿睿智與獨見的經典、名著。

這是一項理想性的、永續性的巨大出版工程。

不在意讀者的眾寡，只考慮它的學術價值，力求完整展現先哲思想的軌跡；

為知識界開啟一片智慧之窗，營造一座百花綻放的世界文明公園，

任君遨遊、取菁吸蜜、嘉惠學子！